马克思哲学的思想高度

学术范式与阐释原则

李潇潇 著

中国大百科全书出版社

图书在版编目（CIP）数据

马克思哲学的思想高度：学术范式与阐释原则 / 李
潇潇著 . -- 北京：中国大百科全书出版社，2022.5
ISBN 978-7-5202-1122-2

I . ①马… II . ①李… III . ①马克思主义哲学—研究
IV . ① B0-0

中国版本图书馆 CIP 数据核字（2022）第 076352 号

出 版 人	刘祚臣
策 划 人	曾 辉
责任编辑	闫运利
责任印制	魏 婷
封面设计	乔智炜
出版发行	中国大百科全书出版社
地 址	北京市阜成门北大街 17 号　　邮政编码　100037
电 话	010-88390969
网 址	http://www.ecph.com.cn
印 刷	北京君升印刷有限公司
开 本	710 毫米 ×1000 毫米　1/16
印 张	16
字 数	180 千字
印 次	2022 年 6 月第 1 版　2022 年 6 月第 1 次印刷
书 号	ISBN 978-7-5202-1122-2
定 价	88.00 元

一个世纪以前，恩格斯将唯物史观定义为"关于现实的人及其历史发展的科学"。不仅如此，唯物史观以及基于唯物史观的科学社会主义学说亦被称为"在劳动发展史中找到了理解全部社会史的锁钥的新派别"，其进步意义与历史价值不言而喻。实际上，鄙人的这本小书是关于学术史和思想史方向的研究，这个研究本身是以唯物史观为基石与方法，因此这里我想再谈谈关于唯物史观的一点理解。

诘难、困惑与机遇

观察当前的学术生态，唯物史观既面临着理论上来自西方思潮的严峻挑战，又面临着现实中资本主义衍生的种种诘难，从而有人对其所揭示的人类历史发展普遍规律以及社会形态演进规律都产生了一些质疑。在这种学术生态环境中，唯物史观研究也随之带有诸多困惑，主体范畴、矛盾范畴等终极追问被束之高阁，历史虚无主义、新文化保守主义、新自由主义等思潮试图乘虚而入。如何直面挑战，对唯物史观的准确理解和把握便成为关键。

前面谈到了，唯物史观是"关于现实的人及其历史发展的科学"，可在很长一段时期内，一些阐述唯物史观的论著往往忽略了这一至关重要的界说。在阐释历史发展的动力时，不知不觉地忽略了动力就来自人本身，而着重强调"动力来自于矛盾"；在阐述社会历史发展的客观规律时，往往忽略了其本身就是人推动社会基本矛盾运动和与之相应的社会形态从低级向高级发展的规律，而主要强调其是由种种"矛盾"推动或决定的"不以人的意志为转移的客观规律"。如此一来，唯物史观的核心意义就被忽略了。历史发展规律成了社会形态自身的运动规律，个体沦为了这个运动规律的载体。如果按照这种逻辑框架去理解，那我们恐怕很难突破资本主义的"终结"。不论是否有意为之或其背后的意识形态指向如何，单就这样偏颇的理解而言，无论用于指导实践，还是用于指导历史科学研究，都必然导致简单化、机械化和教条主义的后果。这一点，汝信曾经讲得好，"简单化、机械化和教条主义的倾向妨碍了对这个问题的创造性的马克思主义的探索"[①]。"这个问题"就是对历史规律的理解。

除了准确理解唯物史观本身，若要应对挑战、把握机遇，对其学术发展史也必须十分了解。唯物史观诞生一百多年来，在西方学术思潮中激起的反响，经历了一个由弱到强、由小到大的过程，而且随着世界历史进程的推进，尤其是社会主义形态（尤其是中国特色社会主义）的不断演进，其影响力越来越大。在最初的半个世纪，正值西方"自由派史学"的全盛时期，当时活跃在

---

① 汝信：《关于历史哲学两个问题的思考》,《世界历史》1988 年第 2 期。

史学领域的著名学派有德国的兰克学派、英国的剑桥学派和牛津学派等。他们大都对西方资本主义"文明"的优越性深信不疑，将资本主义文明视为人类遵循的榜样，由此形成了19世纪西方传统史学的一套历史观和方法论体系，而对唯物史观和马克思主义史学采取蔑视和攻击的态度，认为唯物史观的历史必然性"宿命论"否定了"自由意志"和"精英人物"的历史作用。

但随着历史进程的演进，19世纪末20世纪初，西方的一些严肃学者（如德国学者K.兰普莱希特、意大利学者拉布利奥拉等）开始认可唯物史观和马克思主义史学的科学理性。从那时到今天，时光流逝一个世纪，我们看到，不仅很多西方马克思主义学者认可这一科学理性，甚至很多非马克思主义学者（如英国的G.巴勒克拉夫、美国的G.G.伊格尔斯等）都充分肯定了唯物史观对当代西方非马克思主义史学的巨大影响。

唯物史观的科学理论很大程度上正在影响着国际史学研究的进程，这取决于人们能够在现实生活中感受到它言之有理，这就是马克思主义史学的生命力。在这一坚实基础之上，今天的中国史学研究，必须站在历史和时代的制高点上，清醒认识挑战，有力把握机遇，坚持马克思主义史学的立场、观点和方法，运用唯物史观力证中国特色社会主义道路的必然性和合理性。

坚守、复兴与实践

当前的研究必须坚持唯物史观的立场、观点和方法，这一点毋庸置疑。但在学术研究的具体层面，坚持什么样的唯物史观，又成为一个需要明辨的问题。

这里可以肯定的是,唯物史观的出发点和归宿点都是人。但是,是以具体的社会历史条件下活动着、发展着的现实的人和他们的实践活动作为前提,还是以想象中的具有永恒不变的人性的、抽象的人和他们的意识作为前提,就成为唯物史观和唯心史观的分水岭。这里的辨析,关涉到唯物史观的根本,而且看似简单实则困难。以现实的人和他们的实践活动为前提,就能科学地阐明现实的人的物质力量和精神力量如何在自身的实践活动推动下发展的历史过程,阐明现实的人在具体的社会历史条件下以自身的物质生产实践活动推动着社会活动、精神活动等由低级向高级发展的过程,从而把历史发展的动力归结为以劳动者为主体的现实的人的实践活动和与之相应的实践能力的发展,由此形成具有完整的科学体系的唯物史观。

当然唯物史观虽然反对唯心史观以抽象的人性作为考察和解释历史的前提,但并不否认人性等因素的历史作用,其只是要求对这些因素进行科学的研究。在理论辨析之后,在现实层面(学科建设和研究层面)对唯物史观进行探索,则可以从两个方面入手。一方面,要坚持唯物史观,首先在于坚持马克思主义的指导地位。另一方面,还要坚持用唯物史观的方法来进行研究。是不是坚持马克思主义的指导地位、是不是坚持唯物史观的立场和态度,最后都要落实到是不是运用唯物史观的方法上来。从这个角度来看,唯物史观又具有方法论的意义。

发展、变迁与求索

任何一种哲学理论都包含本体论、方法论和认识论，只是不同哲学的侧重点有所不同。唯物史观正是对本体论的历史规律性的深层探讨。今天，关于唯物史观本身发展的求索仍在继续。理论是灰色的，而生活之树常青。任何理论都是一个时代的结晶与表达。

唯物史观的发展必须与社会历史实际进程相结合，当前中国最大的实际就是习近平新时代中国特色社会主义。唯物史观不能成为书斋哲学或化石历史，把历史研究变成文本研究，把历史变成冰冷的文图和器物；而应该将自己的命运和国家、民族的命运紧密联系起来，发扬经世致用的传统，服务于中国特色社会主义的发展和实现中华民族的伟大复兴。

此外，唯物史观的发展还在于马克思主义的发展。从整体上看，唯物史观就是马克思主义理论体系的有机组成部分，马克思主义的发展必将带来唯物史观的发展。唯物史观的发展也会丰富和发展马克思主义，进而带来自身的发展。这种相辅相成的依存关系正体现着马克思主义理论的体系性、完整性和生命力。最值得注意的是，唯物史观本身具有方法论意义，那么这种科学的方法也可以作用于其自身的发展。

在理论层面，关于唯物史观的探讨边界非常宽广，其与实证主义、人本主义甚至延展到思辨历史哲学与批判历史哲学的关系问题，都还有很多领域值得探索；在现实层面，关于马克思主义对中国道路的阐释与表达也还有很多未知，等待着富有时代责任感的研究者们去践行。

目录

第一章

绪　论

在新的待解决的问题面前，"每个原理都有其出现的世纪"。原理与产生原理的时代及其历史过程的关系不是凭借主观想象的设定，不是在每个时代中寻找某种范畴，而是要始终站在现实历史的基础上。回归历史具体的基本内涵就是始终站在现实历史的基础上构建思想体系、阐释精神历史。与现实历史背景相呼应，新时期以来中国马克思主义哲学的发展轨迹，就其主线而言可以概括为：苏联教科书体系的影响与反思——实践唯物主义勃兴与式微——历史唯物主义研究的持续推进——以政治哲学为新趋向的部门哲学兴起。这一发展轨迹不仅是哲学理论自我演进的逻辑结果，更重要的是在与时代特征、现实问题、国际学术的碰撞中产生的理论回应。

第一节　选题意义

一、选题的理论意义

关于新时期以来中国马克思主义哲学本身的体系性研究在学界较为鲜见。本选题研究对象的界定来自横向与纵向两个维度。就横向的问题维度而言，学术发展轨迹往往深刻地印在自己的问题之中，缩影至马克思主义哲学在中国的研究历程，同样是以问题为导向的，具体而言则是以问题背后的逻辑转向及方法论转型为基本线索的。就纵向的历史维度而言，回顾中国学术发展历程，历史一再证明，学术自身发展的规律与社会历史演变的规律有着内在逻辑的一致性，即问题与现实、文本与实践、思想与历史进程之间存在着的内在张力关系。这样一种逻辑关系在中国社会处于转型期的三十多年间得以集中体现与延展。基于以上两个维度的判断，本选题的研究对象界定及历史时长界定均得以确立。

这一选题的理论意义主要体现在两个方面。第一，对中国马克思主义哲学研究本身的系统梳理具有理论必要性。黑格尔在《小逻辑》导言中谈到："哲学若没有体系，就不能成为科学。没有体系的哲学理论，只能表示个人主观的特殊心情，它的内容必定是带偶然性的。哲学的内容，只有作为全体中的有机环节，才能得到正确的证明，否则便只能是无根据的假设或个人主观的确信而已。许多哲学著作大都不外是这种表示著者个人的意见与情绪的一些方式。所谓体系常被错误地理解为狭隘的、排斥别的不同原则的哲学。与此相反，真正的哲学是以包括一切特殊原则于自身之内为原则。"① 反观新时期以来中国马克思主义哲学的发展与延伸，各种理论与争论观点纷呈、思想交锋，其中包括文本解释之争、哲学本质之争、部门哲学之争等。在这一系列的争论与探讨之后，对于马克思主义哲学体系的认识呈现出一些迥然不同的观点，其中比较具有代表性的是马克思主义哲学就是"人学"，或就是"实践唯物主义"，或就是"历史唯物主义"。因此，整个马克思主义哲学发展的基本脉络与框架依然淹没于纷繁复杂的派别争论之中，如何获得一个清晰的印象，是中国马克思主义哲学未来研究走向的理论根基和现实需求。

第二，有机的史论结合，理论研究与学术史研究的共同理论旨趣，绝不应分割甚至对立。在理论层面，与这一主题相关的研究，必然会涉及马克思主义哲学原理与马克思主义思想史的基础理论性问题。近年来，马克思主义哲学研究出现了马克思主义哲学本身与马克思主义哲学史的对立倾向，马克思主义哲学史和马克思主义基本原理逐渐成为两个相对独立的分支，这远远背离了马克思恩格斯思想的原有存在方式。恩格斯针对英国一些庸俗经济学家对《资本论》的任意责备，在《资本论》第三卷序言中指出："一个人如想研究科学问题，首先要在利用著作的时候学会按照作者写的原样去阅读这些著作，首先要在阅读时，不把著作中原来没有的东西塞进去。"② 如果我们在研究中，只强调解读，

---

① 黑格尔：《小逻辑》，贺麟译，北京：商务印书馆，2009 年，第 55 页。
② 《马克思恩格斯全集》第 25 卷，北京：人民出版社，1974 年，第 26 页。

以自我建构的方式远离甚至背离"原样",则可能会陷入肢解经典的误区,这是对马克思主义哲学原理和马克思主义哲学史研究的一种颠覆。对马克思主义哲学本身,我们必须从马克思主义哲学史和马克思主义哲学原理这两种研究范式进行推进。因而,此选题在避免陷入纯学术史梳理的研究过程中,有可能在理论上推进史论结合的研究范式。

综上所述,这一选题的理论意义可以归纳如下:鉴于新时期以来马克思主义哲学发展轨迹的体系研究较为薄弱。其中,发展机理与转向原因分析尤为薄弱,而关于中国马克思主义哲学发展的整体规律性研究更是薄弱中的薄弱环节。尽管并非空白,然而截止到目前也仅是以论文式的研究成果居多,所以此选题有利于加强这一领域的推进,对于促进中国马克思主义哲学研究的未来进展、繁荣中国哲学社会科学的研究具有积极的理论意义。

二、选题的现实意义

本选题的现实意义,首先涉及马克思主义哲学的"学术合法性危机"问题。从中国社会发展的当代境遇和理论的实现方式来看,马克思主义哲学的"学术合法性危机"问题凸显无疑。对未来的中国学术而言,新时期以来的马克思主义哲学不能只留下"离场的背影",因此,马克思主义哲学的独立性和自主性必然成为学术发展轨迹研究的内核性问题。

中国马克思主义哲学的"学术合法性危机"来自于两方面:西方学术思潮的侵略性和意识形态色彩的相关性。一方面,西方社会对人类文明的贡献以及产生于西方社会的具有科学内容的学术思想，对中国学术产生了强烈的借鉴效应，不可否认，也产生了有益的学习效果。但问题的发生在于，我们在毫无保留地接受西方一些具有强烈意识形态特征和利益表达的学术思想的同时，对一些重大现实问题就只能借助西方的理论框架加以解说，甚至发现和观察问题的理论视角也是西方的，这就隐去了真正的中国问题，也消解了中国马克思主义哲学的理论指导力，从而带来了马克思主义哲学合法性危机问题。

另一方面，中国马克思主义哲学常常被人们误解为一套纯意识形态的理论学说，从而产生了一定的排斥心理，造成了中国马克思主义哲学现实解释力和说服力衰微的危机。我们不否认这种相关性，因为学术自主性不是去意识形态化的学术独立，也不是隔绝世界文明的一种文化保守主义，中国马克思主义哲学必须是在与现实和世界学术的互动中形成独立的研究框架，从而对中国历史与中国现实进行独立思考。对新时期以来马克思主义哲学在中国的发展进行细节描述和规律总结，对其理论源流的来源、走向及规律进行系统把握，实际上就是对中国现实进行系统把握。实际上，关于中国现实问题起因的分析，对中国改革开放历程的价值判断和对中国未来发展方向的探究，[①] 正在思想界展开着异常激烈的讨论。在这样的背景下，马克思主义哲学作为主流学术话语绝不应该失语。

选题的第二个现实意义，涉及学术史研究的社会功能问题。

[①] 参见丁学良：《辩论"中国模式"》，北京：社会科学文献出版社，2011 年；何迪、鲁利玲编：《反思"中国模式"》，北京：社会科学文献出版社，2012 年；许纪霖：《当代中国的启蒙与反启蒙》，北京：社会科学文献出版社，2011 年。

关于学术史研究的社会功能，先贤有过很多论述。例如，文艺复兴的代表人物之一 M.de 塞万提斯说："历史孕育了真理，它能和时间抗衡，把遗闻旧事保藏下来；它是往古的迹象，当代的鉴戒，后世的教训。"① 但中国学者周叔莲的一番关于"学术史不是什么"的表述似乎更为精准：学术史不是政策史；学术史不是理论问题争鸣；学术史不是理论观点综述；学术史不是学术流派的简单排列；学术史不是学者传记汇编。② 因此，本研究在完成新时期马克思主义哲学发展轨迹研究的同时，必须做到以上五种"不是"，将研究推进放入整个社会现实演进的宏阔背景当中，发现中国马克思主义哲学与中国现实和全球学术的完整的互动关系，才算完成了一种有意义的学术史梳理。与此同时，此研究才能具有客观有效的社会功能。

选题的第三个现实意义，涉及全球化背景下的马克思主义哲学的自我反思与前沿性问题。在马克思的时代，通过对资本主义社会的历史分析和经济学分析，马克思为我们提供了认识人类社会走向的基础理论范型。马克思认为在工业文明中，市场会从地域走向民族、国家，最终走向世界。这就是一种经济全球化的基础理念。

今天，全球化已经从经济领域扩展到整个社会科学和人文科学领域。西方学术对于全球化普遍持一种欢迎的态度。但是，我们从马克思主义的视角看，或许是另一种景象。"资产阶级挖掉了工业脚下的民族基础。古老的民族工业被消灭了，并且每天都

---

① 塞万提斯：《堂吉诃德》上册，杨绛译，北京：人民文学出版社，2006 年，第55 页。

② 周叔莲：《关于中国当代学术史研究的几个问题》，《前沿》2010 年第 2 期。

还在被消灭。它们被新的工业排挤掉了，新的工业的建立已经成为一切文明民族的生命攸关的问题；这些工业所加工的，已经不是本地的原料，而是来自极其遥远的地区的原料；它们的产品不仅供本国消费，而且同时供世界各地消费。旧的、靠本国产品来满足的需要，被新的、要靠极其遥远的国家和地带的产品来满足的需要所代替了。过去那种地方的和民族的自给自足和闭关自守状态，被各民族的各方面的互相往来和各方面的互相依赖所代替了。物质的生产是如此，精神的生产也是如此。各民族的精神产品成了公共的财产。民族的片面性和局限性日益成为不可能，于是由许多种民族的和地方的文学形成了一种世界的文学。"[1] 由此引申的意味在于，在学术领域同样需要面临全球化的挑战。

因此，全球学术就涉及如何看待世界范围内的学术和知识的流通与交流问题，涉及学术成果的输出和输入问题。学术交流现象是普遍存在的，这种现象不容否认。那如何看待其正面意义与负面意义，需要进一步分析。中国有到西方留学的传统，现在西方也开始到中国留学，这种学术传统及趋势正说明了中国的影响力在扩大。这种影响力主要取决于经济发展和文化传承。但是，有一种学术现象不得不引起重视，中国学者大多受西方学术思想的影响较深。而西方的学者可以不看中国学者的东西，即使看中国学者的东西，也是出于把中国作为研究对象这么一种动机，这不得不令人警醒。例如，法国的年鉴学派主要从事跨学科研究，用综合的眼光看待学术问题，总体论（holism）或总体观察（holistic perspective）是其著名的治学方法。代表人物 F. 布罗代

---

[1] 《马克思恩格斯选集》第 1 卷，北京：人民出版社，1995 年，第 276 页。

尔尽管只着眼于一个地方的研究，但是中国学者却不能不看他们的东西。他们的成果影响几乎辐射整个世界，而中国学者，尤其是马克思主义哲学研究者却难以做到。他们的可取之处在于具有全球眼光，尽管他们研究的是法国历史，但却是世界范围内的法国历史。这种研究的可借鉴之处在于，其研究方法是全球性的，这种跨学科的方法值得深思。

因此我们说，全球化既包括各个民族、国家间的相互依存，也包含相互依存的各个民族、国家间为特定利益价值而展开的激烈博弈，这种博弈在思想领域尤为突出。对中国马克思主义哲学历程的梳理与反思，有利于在现实层面发现前沿领域，从而在话语权问题上占据主动。

总之，研究新时期以来中国马克思主义哲学的发展轨迹，不能仅限于学术史或思想史的层面，其实践意义更为重要。在全球化背景下，在马克思主义哲学日渐丧失主流学术话语权、日渐边缘化的今天，通过历程梳理与未来展望发现学术发展的规律，让哲学完成自身的合理演进，从而实现对未来中国社会发展的指导功能，这具有非常重要的实践价值。

第二节　研究现状

追本溯源，关于新时期以来马克思主义哲学研究轨迹的研究就源于当代，应该说这是非常近的一段学术史，因而也非常新，每一个研究者几乎同时也都是这段学术史的参与者。鉴于问题的动态性和当下性，现有的国内研究资源和研究状况在质和量两方面来看都相对匮乏。应该说，当我们以新时期为视角来回顾中国马克思主义哲学研究所走过的历程时，正因为"只缘身在此山中"，从而很难相对全面地对改革开放以来中国马克思主义哲学的研究走向、基本脉络和学术路径有一个生动了解，更不要说准确地把握其未来动向了。

经过对有限的相关文献进行爬梳和分析，可以看出当前有关这一选题的研究主要采取了三类研究路径：一类是关于研究阶段的定位分析；一类是关于研究问题的分类分析；一类是关于范式转换的总结式分析。下面就从这三种类型来看中国马克思主义发展轨迹研究的现状。

首先，梳理"阶段论"式研究的成果与现状。"图景式地再现某一学科的发展历程，并有根据地将某一研究历程的阶段性特征呈现给读者，使其能够概览性、全局性地把握该学科研究发展的主干及其脉络，是回顾性研究常常采用的经典方式。在马克思主义哲学发展的回顾性研究中，这一研究方式当然在场。"[1]其中，具有代表性的研究成果多为学术论文。1999年，《社会科学论坛》第1期发表了关于黄楠森的专访《马克思主义哲学研究二十年——黄楠森教授访谈录》。黄楠森虽然主要谈及研究的十个热点问题（后文综述会详细谈及），但也涉及中国马克思主义哲学的学术历史分期。当被问及关于1978年以来的中国马克思主义哲学研究是否分为两个阶段（80年代的人道主义研究、90年代的自由主义研究）时，黄楠森否认此种分期方式，他认为20年

---

[1] 李潇潇：《检视三十年马克思主义哲学研究——基于学术期刊的观察视角》，《中国社会科学院报》2009年3月12日。

来的马克思主义哲学研究是一个不断解放思想的过程，但不存在由错误向正确、由过时向适时的转轨问题。

2002 年，韩庆祥在《天津社会科学》发表了《新时期我国马克思主义哲学的创新与发展》。文章分四个阶段呈现了中国马克思主义哲学研究的特点与创新点，认为在 1980～1984 年，中国马克思主义哲学研究的"归真意识"比较明显；在 1985～1989 年，中国马克思主义哲学研究的"体系意识"比较突出；在 1990～1994 年，中国马克思主义哲学研究的"问题意识"得到强调；1995 年至今，中国马克思主义哲学研究明显注重"生活意识""前导意识"和"人本意识"。2004 年，《哲学动态》发表了程广云的《马克思哲学当代性辨析》；2004 年，《教学与研究》发表了安启念的《关于中国马克思主义哲学发展的历史阶段问题——中西哲学发展的比较研究》；2006 年，《哲学动态》发表了聂锦芳的《重新思考马克思主义哲学研究中的"现实视角"和问题意识》；2007 年，《中国社会科学》发表了陈先达的《马克思主义哲学的当代性与文本解读》。这些成果都是对中国马克思主义哲学研究的历程式回顾和总结。

2008 年，《山东社会科学》刊发了张曙光、王虎学和毛剑平的《中国马克思主义哲学 30 年研究述评》。文章认为 30 年来中国马克思主义哲学的研究有三个历史时段：真理标准的讨论导致了实践唯物主义；回归到关于马克思恩格斯经典文本本身的细微解读；领域（部门）哲学星星点点地出现。在研究者看来，"回到马克思"使人们开始深入理解马克思主义的思想实质，努力开拓马克思主义哲学的各个方面和理论可能性。"回到马克思"为马克思主义哲学回到理论原点、恢复实践的精神实质，提供了批

判式路径和建设性功能。^①同样是阶段式的研究论文，2009 年 1
月，《光明日报》刊发了杨学功的《马克思主义哲学研究 30 年：
回顾与反思》。文章认为，1978 年以来的中国马克思哲学依据其
研究主题、研究取向、研究方式及所形成的总体风貌，大致可划
分为三个阶段：第一个阶段是 20 世纪 70 年代末至 80 年代，影
响深远的真理标准大讨论，主要成果体现在认识论研究、价值论
研究、马克思主义哲学史学科建设和哲学教科书体系改革等方
面；第二个阶段是 20 世纪 90 年代，"问题意识"充分凸显，主
要成果体现在领域（部门）哲学研究迅速崛起；第三个阶段是 21
世纪，文本研究和西方马克思主义哲学研究成为热点。^②在此项
研究成果的基础上，2010 年，杨学功在《中共天津市委党校学
报》发表了更为全面的一篇相关主题文章《学术回顾与反思：马
克思主义哲学研究 30 年（1978 ～ 2008）》，全文分三个主题在三
期发表，是到目前为止历史分期研究中最为全面的研究成果。

2012 年，《探索》刊发吉林大学白刚的《当代中国马克思主
义哲学研究的逻辑历程》。文章认为，改革开放以来中国的马克
思主义哲学研究，经历了从"教科书体系的改革"到"经典文本
的解读"，再到"研究方法的自觉"和"重大问题的探索"这一逻
辑进程。在这一历程中，当代中国的马克思主义哲学研究，逐步
摆脱了旧教科书体系的束缚和西方话语模式的制约，开始了真正
面向历史、面向文本和面向现实的理论反省和自我建构。2013 年

---

① 李潇潇：《检视三十年马克思主义哲学研究——基于学术期刊的观察视角》，《中
　国社会科学报》2009 年 3 月 12 日。
② 李潇潇：《检视三十年马克思主义哲学研究——基于学术期刊的观察视角》，《中
　国社会科学报》2009 年 3 月 12 日。

的回顾性论文成果目前还未呈现。

"阶段论"式研究的著作成果非常少，宽泛而言，较早期的有《马克思主义哲学发展简史》①，严格意义而言有《马克思主义哲学史》②，较新的有《马克思主义哲学研究述评》③。总的来看，这一类型的研究在阶段划分方面较有共识的为第一阶段，即以真理标准大讨论为起点，马克思主义哲学开始了对教科书体系的破除，进入了实践唯物主义研究高峰。但在这之后的马克思主义哲学的特点就开始难以厘清，且现象纷呈，因此导致分段也出现多元化的情况，难以达成一致。有的学者以争论来划分阶段，有的学者则以部门哲学来划分阶段，研究成果不一而足。

其次，梳理"问题分类"式研究的成果与现状。此类研究的结构，是将马克思主义哲学每一时期不同的研究热点作为线索，对整个研究状况进行梳理。此类研究结构的优势在于深入性，但缺点在于长时段研究难以覆盖，因而是一种"横断历史研究方法"，具有标本价值，但不具有规律性价值。此类研究的论文成果比第一种研究类型丰富。如前文所提，1999年黄楠森在接受专访时，就梳理了改革开放20年来马克思主义哲学研究的十个问题：实践标准、异化和人道主义、主体性和主体性原则、价值论问题、实践唯物主义、马克思主义哲学体系、人学研究、人权研究、文化讨论、邓小平理论基础研究。这些问题的提出，为人们勾勒了马克思主义研究的具象图景。2005年《马克思主义研究》又发表了黄楠森的《〈德意志意识形态〉与当代中国马克思主义

---

① 李茂主编：《马克思主义哲学发展简史》，郑州：河南人民出版社，1985年。
② 黄楠森主编：《马克思主义哲学史》，北京：高等教育出版社，1998年。
③ 郝立新主编：《马克思主义哲学研究述评》，北京：中国人民大学出版社，2002年。

哲学研究的三个问题》。文章认为，中国的马克思主义哲学是从苏联传来的，其具体形态一直是辩证唯物主义与历史唯物主义。改革开放以来，人们对此提出了异议，特别是怀疑甚至否定辩证唯物主义作为马克思主义哲学的核心部分的地位。这样，是否还要坚持辩证唯物主义，或者说是否要以另一种形态（例如实践唯物主义）来取代辩证唯物主义，就成为当时哲学界的最主要的争论热点。在这场争论中，如何理解《德意志意识形态》中的思想成为关键性问题。应该说，此文亦是对马克思主义哲学发展本身的一种反思与回顾。

1999 年，《哲学动态》发表了李德顺的《对 20 年来我国马克思主义哲学发展的估计》一文。文章认为中国马克思主义哲学已经走出了教科书体系的藩篱，一个具有中国特色的哲学新形态正在形成。文章针对摆脱教科书体系问题、面向中国特色现实问题展开了讨论，提出了两个基本估计，以此对中国马克思主义哲学的发展进路提出了预期。

此外，在论文方面的代表性研究成果还有：1997 年《哲学动态》发表的《马克思主义哲学的现状与未来发展》，1998 年《中共中央党校学报》发表的《马克思主义哲学研究中的前沿问题》，1999 年《北京行政学院学报》发表的《哲学在与社会的互动中发展——新中国 50 年来马克思主义哲学的历史进程回顾》，2001 年《上海行政学院学报》发表的《哲学的当代处境和马克思主义哲学的前景》，2002 年《中国人民大学学报》发表的《评马克思主义哲学的"困境"》，2004 年《东岳论丛》发表的《关于我国马克思主义哲学研究状况及若干理论问题的分析》，等等。

与此类型相关的研究还有一些会议相关主题的综述类文章，

如《21 世纪马克思主义哲学：问题、方法与进路——第三届马克思主义哲学创新论坛综述》^①、《新中国 60 年与马克思主义哲学发展的反思——中国马克思主义哲学史学会 2009 年年会综述》^②、《与时俱进的中国马克思主义哲学——"第八届马克思哲学论坛"综述》^③、《历史唯物主义与中国问题——第十届"马克思哲学论坛"述评》^④ 等。

实际上，梳理到这里，我们已经涉及一个重要方面，虽然研究专著匮乏的现状无法改变，但近十年来召开的一些系列学术论坛在很大程度上以"问题综合"的形式推进了马克思主义哲学研究进步。其中最为突出的学术论坛是由中国社会科学杂志社每年联合各大学马克思主义哲学博士点召开的"马克思哲学论坛"。迄今为止，"马克思哲学论坛"已召开了 13 届，论坛主题涵盖研究范式、研究体系和研究问题。与此论坛相伴，中国的政治哲学、文化哲学等部门哲学得以勃兴，中国马克思主义哲学研究的中心向历史唯物主义回归，中国马克思主义哲学研究的指向越来越趋于中国问题。应该说，历届"马克思哲学论坛"的研究主题亦是构成近十几年来中国马克思主义哲学研究轨迹的一个独特研究视角（在论文研究过程中将对这个部分展开专门讨论）。

---

① 付洪泉：《21 世纪马克思主义哲学：问题、方法与进路——第三届马克思主义哲学创新论坛综述》，《哲学动态》2007 年第 3 期。

② 胡刘：《新中国 60 年与马克思主义哲学发展的反思——中国马克思主义哲学史学会 2009 年年会综述》，《攀登》2009 年第 5 期。

③ 杨竟业：《与时俱进的中国马克思主义哲学——"第八届马克思哲学论坛"综述》，《理论视野》2008 年第 11 期。

④ 臧峰宇：《历史唯物主义与中国问题——第十届"马克思哲学论坛"述评》，《哲学研究》2011 年第 2 期。

最后，梳理关于范式转换研究的成果与现状。范式转换是新时期马克思主义哲学研究发展不断进步的重要标志，就研究路径而言，关于马克思主义哲学范式的变革及现状的描述与把握，对未来的马克思主义哲学研究展开具有基础性意义。有关范式转换的学术成果众多，其中以 2008 年《社会科学战线》第 5 期刊发的《伟大的实践与实践的哲学———改革开放以来的中国马克思主义哲学》的总结性文章为重要代表。另一个重要成果就是俞吾金在 2008 年《哲学年鉴》发表的《问题意识的更新——马哲研究三十年回眸》。文章认为，改革开放至今，马克思主义哲学探索的整个问题意识已经被更新了。这篇文章的研究价值在于，其不仅提到了问题范式的变革问题，而且对这种问题意识进行了学术边界和学术背景方面的扩容，使研究的视野拓展到了全球学术，非常具有先锋性。

此外，新时期以来的相关研究成果还有：《新时期中国马克思主义哲学发展理路之检视》①《马克思哲学的当代阐释——"回到马克思"的原初理论语境》②《本体论的限度与改变世界的哲学》③《申辩与自省——对孙麾先生的回应》④《浅谈马克思主义哲学的出场路径问题》⑤《21 世纪中国马克思主义哲学发展趋势的理

---

① 王南湜：《新时期中国马克思主义哲学发展理路之检视》，《天津社会科学》2000年第 6 期。
② 张一兵：《马克思哲学的当代阐释——"回到马克思"的原初理论语境》，《中国社会科学》2001 年第 3 期。
③ 孙麾：《本体论的限度与改变世界的哲学》，《哲学研究》2003 年第 7 期。
④ 邹诗鹏：《申辩与自省——对孙麾先生的回应》，《哲学研究》2003 年第 8 期。
⑤ 孙伯鍨：《浅谈马克思主义哲学的出场路径问题》，《河南大学学报（社会科学版）》2003 年第 2 期。

性思考》①《反对教条主义与中国马克思主义哲学的发展》②《马克思主义哲学的研究进路》③《论传统教科书的物质本体论局限——马克思主义哲学教育方法论探讨之一》④《尊重历史：深化马克思主义哲学史研究的一个基本原则》⑤《回归与转向：马克思主义哲学研究范式的变革——对改革开放之后的马克思主义哲学发展总体状况的理解》⑥等。实际上，关于范式问题的研究，也是关于马克思主义哲学研究路径问题的探索，给予中国马克思主义哲学一个全新的理论框架，是此种研究类型的核心价值所在。

需要说明的是，与国内研究相比，国外关于中国马克思主义哲学发展状况的研究几乎没有，这或许与意识形态的隔膜有关，抑或与中国马克思主义哲学研究尚未进入国外学者的研究视野有关。这也提醒我们，中国的马克思主义哲学研究要走向世界，还需要扩展国际视野。由此导致研究困难的同时，也令人对中国马克思主义哲学的国际学术影响力感到担忧。

在现有文献梳理的基础上，对当前的整体研究现状可以得出

---

① 张品彬：《21世纪中国马克思主义哲学发展趋势的理性思考》，《理论视野》2006年第1期。

② 汪信砚：《反对教条主义与中国马克思主义哲学的发展》，《马克思主义研究》2006年第6期。

③ 孙麾：《马克思主义哲学的研究进路》，《哲学研究》2006年第10期。

④ 倪志安：《论传统教科书的物质本体论局限——马克思主义哲学教育方法论探讨之一》，《重庆邮电大学学报（社会科学版）》2007年第2期。

⑤ 庄福龄：《尊重历史：深化马克思主义哲学史研究的一个基本原则》，《河北学刊》2007年第4期。

⑥ 张文喜：《回归与转向：马克思主义哲学研究范式的变革——对改革开放之后的马克思主义哲学发展总体状况的理解》，《福建论坛（人文社会科学版）》2008年第6期。

的整体性特征是：第一，就数量而言，研究成果众多，但多为某一视角或某一论域中的研究，缺乏整体性和系统性；第二，在研究程度方面，缺乏深入性，没有较为体系化地呈现整个马克思主义哲学研究轨迹演变背后逻辑机理的成果；第三，在研究内容方面，虽然很多研究谈及关注现实、关注问题，但这一研究本身尚缺乏与现实互动的研究视角，即学术与社会现实的相互促进、相互制约关系。综合以上考量，本研究力图在充分借鉴既有研究经验的基础上，弥补研究缺憾，实现系统性、逻辑性和现实性的统一。

第三节　研究方案

一、研究出发点

关于中国马克思主义哲学发展轨迹研究的逻辑起点，不在于一般的文献性梳理，也不在于简单的过程性描述；不在于对各种概括的认识，也不在于对一些争论的评判。这里需要强调的研究起点在于：把握理论与实践的互动。也就是说，本研究的展开将尽量定位于两个轨道：第一，实践对理论提出的要求；第二，理论对实践给予的回应。唯有以此作为研究出发点，才能真正描绘出中国马克思主义哲学的学术演进图景，并总结出其中学术演化进程的一般性规律。

二、主要研究内容

除了前言外，本书共分为六章。第一章简要介绍选题的缘起、意义及研究现状、方案等，中间三章依次论述新时期以来中国马克思主义哲学的三个发展阶段，最后两章总结了由客观回顾而得出的规律性认识及马克思主义哲学研究的未来道路。现将本书的主要内容、结构框架概述如下：

第二章集中论述了改革开放之初，中国学界开始解放思想，反思教科书体系，走向实践唯物主义。自 70 年代末开始，伴随真理标准问题大讨论的展开，中国马克思主义哲学研究也发生了明确转向：从教科书体系转向实践唯物主义。这一阶段的起始点来自两个方面："拨乱反正"和"反思体系"。所谓"拨乱反正"，是与当时的时代背景相呼应，在进行哲学研究的同时，把被颠倒了的哲学重新颠倒回来，还马克思主义哲学以本来面貌，使人们重新认识马克思主义哲学的精神实质。所谓"反思体系"，是对苏联 20 世纪 30 年代的教科书体系进行反思。因为教科书体系使得马克思主义哲学局限于"辩证唯物主义和历史唯物主义主义体系"之内，在理论框架中忽略了实践的人的主体地位。教科书体系仅仅体现了马克思主义哲学的某些方面，并没有反映马克思主义哲学总体特征和根本性质。因此，在对教课书体系反思的基础上，研究开始由"体系意识"转向了"问题意识"。这里的"问题"，主要是实践中的问题。

第三章论述了实践唯物主义发展到巅峰后，中国马克思主义哲学开始向历史唯物主义回归。这一时期，众多研究者特别强调，少谈体系多研究问题。这就意味着马克思主义哲学在一定程度上回到了马克思、恩格斯所倡导的哲学本真，"全部社会生活在本质上是实践的。凡是把理论引向神秘主义的神秘东西，都能在人的实践中以及对这个实践的理解中得到合理的解决"①。马克思主义哲学与以往旧哲学最大的区别，就在于突破书斋内的思辨，回到活生生的现实，面对实践问题。在这样的背景下，实践唯物主义在中国取得了丰硕的研究成果。这些研究通过对改革开放和现代化过程中问题的关注，实践唯物主义对人的主体性等问题提出思考，从而深化了中国马克思主义哲学的研究进程。但从90年代中期开始，实践唯物主义逐渐走向极端，随着"实践本体论"的提出，将"实践"看作人类社会的本源，这是又一次偏离了马克思主义哲学的本质，使实践唯物主义走进了死胡同。面对理论困境，同时与时代背景相呼应，历史唯物主义回归到了主流研究视野。

第四章论述了中国马克思主义哲学研究发展的第三个阶段，这一阶段具有两个鲜明特征：历史唯物主义研究的持续推进和方法论转型；以政治哲学为代表的部门哲学兴起。进入21世纪，中国马克思主义哲学更进一步地回归到了马克思恩格斯理论框架的本源。在面对现实问题的基础上，以世界历史的眼光来研究人类社会，这是一种历史的进步。通过对《1844年经济学哲学手稿》《关于费尔巴哈的提纲》和马克思晚年笔记这些关于历史唯物主义最重要的原著的解读，学者们重新诠释时代问题，从而彰显了历史唯物主义的理论活力和历史使命。这是在实践唯物主义基础上的一种哲学推进。随着这种具有基础意义的理论演进，同

---

① 《马克思恩格斯选集》第 1 卷，北京：人民出版社，1995 年，第 56 页。

时通过与国际学术思潮的互动，以及对在深化改革的过程中出现的新问题的回应，各种部门哲学随之兴起，其中一个焦点就是政治哲学。学界讨论越来越热烈的问题主要集中在公平、正义、平等等政治哲学领域，从而凸显了政治哲学作为马克思主义哲学特别是历史唯物主义研究前沿领域的重要地位。

最后两章，通过对以上过程的梳理，力图形成对新时期中国马克思主义哲学的一些规律性认识，并对马克思主义哲学研究的未来道路作出预测。

三、研究方法

本书的研究方法可总结如下：

第一，坚持马克思主义哲学的精神本质，客观认识中国马克思主义哲学的历史与现状，真实有效地总结规律和发现问题。

第二，归纳法。通过对大量文献材料的分析，对学术发展进程进行实证性研究，从中找出共性与规律性。研究论断的提出都要以事实判断为依据，唯有如此，才能真正做到理论与实践的双重统一。

第三，以历史唯物主义为研究对象的同时，也以历史唯物主义为方法论，了解相关研究的同时，继续研读马克思、恩格斯经典原著，用历史唯物主义驾驭整体研究。

第四，借鉴英美分析学派的研究方法，研读其代表人物 G.A. 科恩、J.E. 罗默、J. 埃尔斯特的经典文献，以资为本研究提供"微观基础"。

第五，兼采中国马克思主义哲学史研究各派之长，广泛地阅读其代表作，为研究奠定良好而扎实的文献基础。

第四节 创新之处

一、研究难点

本书在研究中所要突破的难题有三：

首先，对于新时期以来马克思主义研究进展的既有阶段性划分的挑战。对于马克思主义哲学研究进程的分段类型非常多，甚至分类方式也非常多。有的不以时间为坐标进行划分，而是以问题或学者个人作为分段标志。但本书希望以学术史的标准模式进行研究，因而采取了历史时期的划分方式。但在划分过程中，由于各种争论纷呈且各种观点交织，给分段带来了极大的困难。目前的分段方式是一种新的尝试。

其次，避免成为一般性的学术史梳理，而要凸显其背后的逻辑成因与规律走向。关于马克思主义哲学研究的过程分析，命题看似简单，但若想使其免于成为一般的文献综述甚至是资料堆砌，实则非常困难。因为透过现象总结规律，不仅需要扎实的学术功底，更需要系统性的学术眼光和敏锐准确的学术判断力。本书力图在此方面有所突破。

再次，关于新时期马克思主义哲学研究的相关文献资料匮乏。概言之，与研究马克思主义哲学中的某个具体问题、具体流派或具体人物相比，针对新时期以来马克思主义哲学本身的研究，尤其是系统性研究，非常少；图书馆的藏书多为一般性描述，也不成系统。鉴于以上情况，所能借鉴的资料多为一些学术论文成果。为此，笔者拟充分利用学术会议和学术对话的形式，积极地发掘学者资源，力争做到资料的多元化，尤其是与众多学者进行专门交流的记录（如孙正聿、张一兵、吴晓明等）以此来弥补既有资料的不足。为此，笔者进行了多方面的努力，譬如参与甚至组织专门的学术会议，与学者积极地互动联络，望能弥补缺憾。此外，还有外文文献的匮乏更为严重，这与中国马克思主义哲学研究的现状和国际学术地位不无关系，无法可补，唯有将此作为论文反思的一部分。

二、研究特色与创新

关于中国马克思主义哲学进程的研究应具有三个主要特色。第一，马克思主义哲学的宏旨在于改变世界，而非止步于解释世界，改变世界的前提就是对现实的科学批判。诚如 J.-P. 萨特所说，"在马克思那儿，永远找不到实体（entités）：那些整体……是活的；它们在研究的范围内通过它们自己来自我确定"，"马克思主义的力量和宝贵之处，在于它曾是整体性阐述历史过程的最激进的尝试"[①]。因此，马克思主义哲学必须在直面问题的过程中

---

① 让–保罗·萨特：《辩证理性批判》（上卷），林骧华等译，合肥：安徽文艺出版社，1998 年，第 25 页、第 27 页。

改变世界,而马克思所批判的解释世界的哲学在根本上在于为现实进行辩护。因此,具体到本研究,特色之一就是既要成为马克思主义哲学研究的一部分,又要跳出具体研究的限制和边界,以现实的眼光反观哲学的演进。第二,马克思主义哲学的分析方法是阶级性和实践性。在社会分析过程中,马克思始终在特定历史阶段的具体背景下思考社会运动规律。在马克思主义哲学的逻辑结构中,对社会发展规律性的抽象理论把握与对不同社会形态的具体历史把握得到了有机结合,充分显示出马克思主义哲学的内在张力。因而,本研究必须秉承这一理论品格,在当前特定的历史时空中以特定的历史进程反观哲学本身,这是又一特色。第三,马克思主义哲学的思维方式和理论解释力是在历史变迁中不断建构起来的。马克思主义哲学的生命力不是"天赋"的,更不是抽象逻辑的衍生物。马克思不断重读黑格尔的哲学著作,但他对黑格尔辩证法的发展并不是抽象的,而是不断深入到黑格尔的"脚手架"中赋予其历史的、社会的、经济的内涵,从而建构起彻底超越了黑格尔的唯物史观。只有当代马克思主义者通过对时代问题的把握,并不断扩展、丰富马克思社会批判范式的含义,开放的马克思主义哲学才能始终成为文明的活的灵魂。据此,本研究的第三个特色就是要以不断发展的时代眼光和理论视角来研究马克思主义哲学本身,以此得到科学的有前瞻性的结论。

基于以上理念,本研究的创新主要体现在四个方面。

第一,以"体系化"的框架进行过程梳理,同时实现微观与宏观的相互结合。不同于国内通常的梳理式研究框架,本研究不止于对人物、论著和研究历史及现状的爬梳,而是要力图使这一研究形成体系,以达成新时期以来的马克思主义哲学体系观。在

"体系化"的研究框架中，对中国马克思主义哲学发展轨迹进行思考，力图解释其内在的方法论意义、逻辑线索脉络以及与国际思潮的互动关系。

第二，以"问题"为中心，时刻关注哲学演进与时代发展之间的关系。一般而言，目前国内的学术研究也是以问题为研究中心，但其所关注的问题主要是本学科理论发展或现实发展遇到的新问题。本研究力图超越具体问题，找到"共性"的问题。如研究马克思主义哲学的思想性与学术性的问题，理论与现实的问题，时代与学术的互动关系的问题等。这些问题的研究或许对某种具体问题的推进没有太大价值，但对整个学科的发展而言具有重要意义。

第三，在"非文本"的意义上进行资料收集。一般的学术研究，因为涉及具体的学术理论问题，是针对一定的学术理论困境而进行的，因此遵循着学术研究以文本为依据的基本方法论原则。本研究由于所研究的不是某一具体问题，而是宏观性的框架问题，同时可借鉴的文本资料有限，因此必须借助访谈等非文本信息进行研究，以此获得最新动态和相关有价值的资料。

第四，对于新时期中国马克思主义哲学进行三阶段的划分方式（与既有的分期方式均有所区分），同时发掘其中蕴含并展现出来的学术内生性的一般规律性认识，包括哲学与文本、现实、问题和国际学术的互动关联。此种研究路径及研究结论，希望有助于厘清长期存在并衍生的诸如中国马克思主义哲学体系建构等重大理论问题，为今后的研究提供基础性的研究理路和学术史参考。

第二章

实践唯物主义的兴起

20 世纪 70 年代末到 90 年代中期，中国马克思主义哲学经历了从教科书体系反思到实践唯物主义勃兴的学术史过程。通过研究发现，真理标准大讨论、改革开放、异化与人道主义问题的争论是新时期马克思主义哲学发生重大转向的时代与学术背景，这种转向之所以最终没有沿着人道主义路径发展而主要朝向实践唯物主义，是由于学术逻辑与实践逻辑相一致、理论与政治互动的必然结果。此外，也不可忽视对苏联教科书体系反思的学术价值。虽然苏联教科书体系在传播马克思主义哲学的基本知识方面有其历史意义，但其存在先天性的理论结构缺陷。因此，在反思教科书体系的基础上，中国马克思主义哲学开始寻找自己的哲学观，并选择以实践来定义自身哲学的性质。虽然围绕实践唯物主义的争论始终未有平息，但实践唯物主义探索本身就是对时代呼声的回应。

第一节　实践唯物主义兴起的历史机遇

一、实践是检验真理的唯一标准大讨论

1918 年至 1919 年秋冬时节，作为一个批判社会主义的理论家，同时也十分敬重马克思及其学说的思想家，M.韦伯在生命的最后阶段，为慕尼黑大学的青年学子们发表了两篇重要演说——《以学术为业》和《以政治为业》。① 这两篇演说虽诞生于一百多年前的历史情境，却被公认是关于"学术"与"政治"关系最为经典的现代论述。在《以学术为业》这篇演说中，韦伯阐述了"学术作为一种物质意义下的职业，具有怎样的面貌"这一核心问题。他通过美国与德国间的对比，指出了年轻学者学术生涯所面临的外缘条件，进而系统阐述了青年学者以学术为业所面临的种种难题以及坚持科学研究的价值等。在这个议题上，韦伯毫不留情地断言："学术生涯是一场疯狂的赌博"；但另一面，它也是神圣的职业，因为"在你之前悠悠千载已逝，在你之后还有千年沉默的等待"，这种伟大的使命，是学术研究所应担当的。在《以政治为业》中，韦伯对"以政治为业"所应具备的素质、能力，以及所面临的困难做出了全面而深入的分析。最后，他提出

---

① 参见马克斯·韦伯：《学术与政治：韦伯的两篇演说》，冯克利译，北京：生活·读书·新知三联书店，1998 年。

了著名的"信念伦理"和"责任伦理",并指出以政治为业应以"责任伦理"为首要行动准则。

借由韦伯关于"政治"与"学术"关系的论述,我们反观20世纪70年代末中国马克思主义哲学所处的时代背景,能够意外地发现一件兼具政治性与学术性双重特征的重要事件——真理标准问题讨论。我们无法决然地将这场讨论划分为一个政治事件,因为它在中国马克思主义哲学领域乃至整个思想领域都产生了长久而深远的影响;我们也无法决然地将其仅仅看作一个学术事件,因为它对中国现实社会历史进程乃至此后展开的改革开放全局也产生了决定性的作用。牵涉其中的研究者和政治家也都兼具了双重特性,肩负着双重使命,为中国此后的社会转型和学术转型都奠定了基础。应该说,真理标准问题讨论这个兼具政治性与学术性的历史节点,充分印证了马克思所说的"问题在于改变世界"①的论说,是我们以切片模式来观察当时时代特征和当时思想状态的最重要的背景。因而,"真理标准"这一哲学命题的讨论,成为当时最重要的时代背景特征之一,同时也成为影响学术与现实双重轨道的重合点。回顾并延展这段历史背景,将有助于我们厘清那个时代马克思主义哲学之所以发生转向的根本原因。

实际上,关于整个事件的回顾,学界存在两种版本。第一种版本较为简单。1977年7月,光明日报社编辑王强华赴南京采访一次理论讨论会,对南京大学哲学系教师胡福明的发言留下深刻印象,并向其约稿。同年9月,胡福明将《实践是检验真理的标准》一文投给《光明日报》。1978年1月,《光明日报》对文稿

---

① 《马克思恩格斯选集》第1卷,北京:人民出版社,1995年,第57页。

作编辑处理，发排小样。经反复修改，文章第五稿题目定为《实践是检验一切真理的标准》，拟在《哲学》专刊发表。1978 年 4 月，光明日报社总编辑杨西光看了文章大样后，决定作进一步修改，并作为重点文章发表在《光明日报》第一版。① 至此，"民间"线索的演进暂告一段落。胡福明事后回忆说，原作《实践是检验真理的标准》是在揭批"四人帮"的斗争中，"自己选定的题目，自己形成的主题，自己提出的观点，自己寻找的材料，自己拟定的提纲，自己撰写的文章"②。

　　第二种版本则异常复杂。1977 年 9 月，主持中共中央党校工作的胡耀邦发表讲话，以研究"第九次、第十次、第十一次路线斗争"③ 的名义，提出"文化大革命"的评价问题，并推动成立了相应的研究小组。经胡耀邦几番点拨，1978 年 1 月，吴江牵头的小组拿出了一份关于"三次路线斗争"问题的研究提纲，申明两条研究党史应当遵循的原则：第一，应当以马列主义、毛泽东思想的基本原理的精神实质进行研究；第二，应当以实践为检验真理、辨明路线是非的标准，实事求是地进行研究。④ 提纲经胡耀

---

① 参见王强华：《〈实践是检验真理的唯一标准〉的组稿、修改和发表》，载王强华编《引发真理标准讨论文章问世纪实》，北京：中国时代经济出版社，2008 年，第 17–24 页。

② 胡福明：《真理标准大讨论的序曲——谈实践标准一文的写作、修改和发表过程》，《开放时代》1996 年第 1 期、第 2 期。

③ 这是党的第十一次全国代表大会的提法。第九次是指同刘少奇的斗争，第十次是指同林彪集团的斗争，第十一次是指同"四人帮"的斗争。简称"三次路线斗争"。

④ "三次路线斗争"研究小组组长初为金春明。胡耀邦对小组提出的前两个方案不满意，遂建议由吴江牵头整合力量，尽快搞出一个新方案。此后，这个小组就直接在吴江的领导下工作。以上两条指导原则，即为新方案的提法。（参见金春明《真理标准大讨论的一支前奏曲》，《北京党史研究》1998 年第 3 期）

邦审阅批示，在修改充实后，于同年 3 月邀请中共中央党校六位高级干部学员开了一个征求意见的小型座谈会，后任光明日报社总编辑的杨西光即在其中。4 月形成《关于研究第九次、第十次、第十一次路线斗争的若干问题》的正式文稿，分发给八百多名中高级干部学员，在更大范围内组织开展了学习讨论。① 针对学员的思想疑惑，理论教研室吴江、孙长江商定，由孙长江执笔为党校内部刊物《理论动态》撰写一篇文章，题目就取作《实践是检验真理的唯一标准》（以下简称"《实》文"）。② 至此，这一版本线索的演进似乎告一段落，实则不然。

　　1978 年 4 月，中共中央党校学习结业后调任光明日报社总编辑的杨西光，看到胡福明的《实践是检验一切真理的标准》一文，决定将其从《哲学》专刊撤下来，再行加工，并作为重头文章推出。4 月 13 日，杨西光邀请中共中央党校理论教研室的孙长江，与碰巧出差北京的胡福明及本社理论部编辑马沛文、王强华一道开会，研讨了《实》文的总体修改思路。从这个时候起，"民间"和"官方"两条原本并行的线索就发生交汇了。根据杨西光的要求，胡福明在北京期间对《实》文作了新一轮修改。离京之后，文章的修改工作先在光明日报社理论编辑部开展，继则委托给了中共中央党校理论教研室的同志。③ 岂料后来竟形成了这样

---

① 参见沈宝祥：《真理标准问题讨论始末》，北京：中国青年出版社，1997 年，第 26–35 页。

② 参见吴江：《"真理标准讨论"追述》，《传记文学》1995 年第 9 期。

③ 参见胡福明：《真理标准大讨论的序曲——谈实践标准一文的写作、修改和发表过程》，《开放时代》1996 年第 1 期、第 2 期；王强华：《〈实践是检验真理的唯一标准〉的组稿、修改和发表》，载王强华编《引发真理标准讨论文章问世纪实》，北京：中国时代经济出版社，2008 年，第 30–31 页。

的认识落差：说《实》文的定稿凝结了集体智慧，不会有任何疑义；若评价个人的贡献度，则立刻产生意见分歧。

曾任《理论动态》主编的沈宝祥，将纷纭复杂的《实》文撰写、修改及发表过程，归结为八个要点。他没有区隔"民间"和"官方"两条不同的线索，但在论述《实》文后期修改的时候，提到了三个关键步骤：①"杨西光同志请中央党校理论教研室同志帮助修改加工这篇文章（他自己也参加），并要求先在《理论动态》刊出，再作为《光明日报》特约评论员文章公开发表"；②"中央党校理论教研室的孙长江同志已为《理论动态》写了《实践是检验真理的唯一标准》的文稿，但不成熟"；③"中央党校理论教研室请示胡耀邦同志以后，接受了杨西光同志的要求，最后将《光明日报》送来的稿和理论教研室原已写出的稿，由孙长江'捏在一起'，形成了《实践是检验真理的唯一标准》这个文稿"。① 此乃争议颇大的"捏合说"。

对这一说法，光明日报社编辑王强华表示怀疑。他以自己的现场笔录见证，孙长江受杨西光之邀，前来光明日报社研讨《实》文修改问题的时候，从未提及自己已有了一篇相同题目的成品稿件，而且研讨的情况表明，至少在《实》文公开发表前一个月，"他对这篇文章到底怎么写、重点放在哪里，也还没有定论"②。胡福明回忆说，1978年4月在北京开会和修改《实》文期

---

① 参见沈宝祥：《真理标准问题讨论始末》，北京：中国青年出版社，1997年，第94页。

② 王强华：《〈实践是检验真理的唯一标准〉的组稿、修改和发表》，载王强华编《引发真理标准讨论文章问世纪实》，北京：中国时代经济出版社，2008年，第30页。

间，孙长江曾告诉他，胡耀邦同志交给中共中央党校理论教研室一个任务，要写一篇关于真理标准问题的文章。"现在有了你的这篇文章，就不用再写了。"①

可是，中共中央党校的相关当事人持不同观点。据吴江回忆，《实践是检验真理的唯一标准》是他和孙长江在 1978 年 2～3 月间确定的题目。杨西光送来胡福明《实》文请求修改后，他建议孙长江，"与他正在起草的文章并在一起，题目还用我们原定的"②。1984 年 10 月，孙长江致函时任光明日报社总编辑的杜导正，不仅说明他的工作性质是"尽量把两个稿子捏在一起"，还强调，公开发表的《实》文虽吸收了胡文的好意见，但保留胡文原稿的文字已不及三分之一，"基本上是重写了"。③曾任中共中央党校理论教研室副主任的孟凡更明确地讲，他看过孙长江的成文原稿，因此，"过去有些介绍《实》文发表情况的文章只提胡福明，而不提孙也写过同样主题文稿的事实，是不全面的"④。

对本研究而言，以上两种说法孰是孰非并不重要，也不必追究。展示这样一个背景，目的在于重现当时的思想状况和现实状况。通过围绕《实践是检验真理的唯一标准》文章本身的争论，可见在当时的理论界，统一思想并实现政治抱负的诉求是极端强烈的。虽然有人将这种纷争狭隘地理解为名利之争，但无法否认的是，随着哲学檄文《实践是检验真理的唯一标准》的发表，其

---

① 参见胡福明：《真理标准大讨论的序曲——谈实践标准一文的写作、修改和发表过程》，《开放时代》1996 年第 1 期、第 2 期。

② 参见吴江：《"真理标准讨论"追述》，《传记文学》1995 年第 9 期。

③ 参见孙长江：《真理的求索》，上海：上海人民出版社，1989 年，第 259 页。

④ 沈宝祥在《真理标准问题讨论始末》（北京：中国青年出版社，1997 年）中收录了孟凡的这段文字说明，他本人也认同这个说法。参见该书第 89-92 页。

历史价值体现在了两个重要层面：首先，体现在破除了"两个凡是"的政治冲击力，极大程度地实现了学术思想的解放；其次，则是其基本观点为马克思主义正本清源，回归实践传统。马克思说，"全部社会生活在本质上是实践的。凡是把理论引向神秘主义的神秘东西，都能在人的实践中以及对这个实践的理解中得到合理的解决"①。《实践是检验真理的唯一标准》不仅使人们在政治上从盲目迷信的过往中苏醒；同时在哲学上恢复了马克思主义哲学的实践传统，使之与其他的思辨哲学相区别，重新具有了鲜明的实践特征。

关于这场讨论的政治意义或时代意义，邓小平做过这样的评价："真理标准问题的讨论是基本建设，不解决思想路线问题，不解放思想，正确的政治路线就制定不出来，制定了也贯彻不下去。我们的政治路线就是搞社会主义现代化建设。'四人帮'提出'宁要穷的社会主义，不要富的资本主义'，社会主义如果老是穷，它就站不住。我们在国际斗争中要坚持马克思主义，坚持社会主义，就要表现出马克思主义的思想优越于其他的思想，社会主义制度优越于资本主义制度。不解放思想，不实事求是，不从实际出发，理论与实践不相结合，不可能有现有的一套方针、政策，不可能把人民的积极性统统调动起来，也就不可能搞好现代化建设，显示出社会主义制度的优越性。……所以，不要小看实践是检验真理唯一标准的争论。这场争论的意义太大了，它的实质就在于是不是坚持马列主义、毛泽东思想。"② 在这里，一场

---

① 《马克思恩格斯选集》第 1 卷，北京：人民出版社，1995 年，第 56 页。
② 《邓小平文选》第 2 卷，北京：人民出版社，1994 年，第 191 页。

学术事件与政治事件实现了结合和统一，并形成了互动。有人认为真理问题标准讨论在学术上只不过是重提马克思主义哲学基本原理，但在当时的时代环境下，回归马克思主义哲学基本常识亦是一种勇气。

曾有人借用 D. 伊斯顿的政治系统分析理论来看待中国学术与中国政治的关系，并认为是截然对立的，但实际上政治系统分析理论亦可阐释政治与学术的互动关联。① 按照研究的设定，处在"输入"环节的是来自马克思主义哲学领域的"学术话语"，而处在"输出"环节的则是带有意识形态印记的"政治修辞"。这两个环节都有公开出版的文献或文本，所以，静态的结合很容易实现。但约束这种结合的最大瓶颈是，如何在中国政治过程中识别伊斯顿所说的那种位居权力系统边缘的"守门者"，并对其过滤、加工和控制外部"输入"的把关行为予以刻画。② 尽管我们可以粗泛地确认，研究机构或学者具有为决策提供咨询服务的职能，而且，其中的许多人还直接参与了党代会报告或政府工作报告的起草，③ 但是，由于众所周知的原因，他们在政治过程

①　伊斯顿将自然科学的"系统"概念引入政治学论域，建构了一个关于政治生活的系统分析框架。其基本思路是："可以把政治生活看作一个行为系统，它处于一个环境之中，本身受到这种环境的影响，又对这种环境产生反作用。"伊斯顿用"输入""输出""反馈"等概念来描述政治系统与外部环境的互动过程。（参见戴维·伊斯顿：《政治生活的系统分析》，王浦劬等译，北京：华夏出版社，1989 年，第 19 页）

②　伊斯顿解释说："守门者位于政治系统外围边界之上，不对这些角色进行更为详尽的考察，就难于理解这个基本的控制因素，也难于理解对输入系统的要求的数量和种类的控制，也不知道对什么事情加以讨论。"（参见戴维·伊斯顿：《政治生活的系统分析》，第 98 页）

③　参见龚育之：《起草党代会报告》，《中共党史研究》2008 年第 1 期。

中究竟怎样扮演"守门者"角色，对局外人来说却基本上是一个"暗箱"。在这种情况下，"政治修辞"的产品输出是否真的表现为对外部环境输入的"学术话语"的来料加工，最多只能给出一种"可能性"证明。所幸对于中国政治和中国学术而言有一特例——发生在 30 年前的那场真理标准问题大讨论，这一事件实现了时代与学术的完美统合。时至今日，一系列文献资料的公开，使我们能够大致了解十一届三中全会的决策过程；某些当事人回忆录或回忆文章的出版与发表，也使我们能够较为清晰地描绘《实践是检验真理的唯一标准》一文的修改及发表实况。① 职是之故，将真理标准问题讨论对十一届三中全会的思想奠基作用和对马克思主义哲学所产生的"拨乱反正"作用，当作观察"学术"与"政治"互动关系的典型个案，并据以评估新时期以来马克思主义哲学出现"实践"走向的起始点，是可取的和可行的。

二、改革开放的挑战

真理标准问题讨论，亦被称为中国现代史上的第三次思想解放运动。② 这场讨论提出的破除"两个凡是"，明确指向"凡是毛主席作出的决策，我们都坚决拥护；凡是毛主席的指示，我们都

---

① 这方面的纪实文献很多，其中最具综合意味的论著，是沈宝祥所著《真理标准问题讨论始末》（北京：中国青年出版社，1997 年）和王强华所编《引发真理标准讨论文章问世纪实》（北京：中国时代经济出版社，2008 年）。

② 李景源主编：《中国哲学 30 年（1978—2008）》，北京：中国社会科学出版社，2008 年，第 3 页。

始终不渝地遵循"。"两个凡是"观点，实际上是以毛泽东之名，行"左"倾错误之实，禁锢了中国社会和思想的发展。真理标准问题讨论，不仅在思想上重新确立了"实践"这一马克思主义哲学基本观点，在政治上为中国共产党工作重点的转移提供了思想根基，更是为随后展开的改革开放进程拓展了理论空间。因而，在这一讨论的基础上，70年代末中国马克思主义哲学研究的另一个巨大时代机遇就是改革开放。

70年代末展开的改革开放，是面对国际和国内双重困难的必然选择。从国际层面看，发达资本主义国家的快速发展，世界社会主义运动遭遇的重大挫折，都对中国社会主义提出了发展问题；从国内层面看，由于"文化大革命"这样全局性的失误，中国的经济实力、科技实力都出现了停滞，与国际水平相比差距拉大，造成了社会主义建设事业的重大挫折。面对困境，中共十一届三中全会开启了中国改革开放的序幕，开始探索中国如何建设社会主义的问题，并在这一过程中确立了"以经济建设为中心"、大力发展社会主义生产力这一逻辑思路。十一届三中全会报告这样表述："政治路线已经解决了，看一个经济部门的党委善不善于领导，领导得好不好，应该主要看这个经济部门实行了先进的管理方法没有，技术革新进行得怎么样，劳动生产率提高了多少，利润增长了多少，劳动者的个人收入和集体福利增加了多少。各条战线的各级党委的领导，也都要用类似这样的标准来衡量。这就是今后主要的政治。离开这个主要的内容，政治就变成空头政治，就离开了党和人民的最大利益。"①

　　谈及关于改革开放的思想，最早可以追溯到1975年。邓小平这样说："说到改革，其实在1974年到1975年我们已经试验过一段。……那时的改革，用的名称是整顿，强调把经济搞上去，首先是恢复生产秩序。凡是这样做的地方都见效。"②但由于后来的干扰，这种全面整顿的主张未能执行。直到1978年10月，邓小平在中国工会第九次全国代表大会上提出，为了提高经济发展速度，"各个经济战线不仅需要进行技术上的重大改革，而且需要进行制度上、组织上的重大改革"③。同年12月，邓小平在中共中央工作会议的闭幕式上再一次提到了改革生产关系和上层建筑，以实现与生产力迅速发展的相互适应。④此后，中共十一届三中全会在解放思想、实事求是的基础上，开启了改革开放伟大实践的进程。

　　改革开放对于中国思想界和马克思主义哲学研究的背景意义在于，对当时中国这样经济文化和思想都处于落后地位的国家而言，要不要在建成社会主义制度的基础上对内进行改革，这在马克思主义思想史上没有现成的答案。因而，这一进程实际上推动了马克思主义哲学思想的演进，所以在思路上解决这个问题也就成为了可能。因为依据马克思社会历史发展理论和历史发展辩证法的逻辑，社会主义必然是比资本主义更为先进、更为优越的

---

① 中共中央文献研究室编：《十一届三中全会以来重要文献选读》（上），北京：人民出版社，1987年，第29页。

② 《邓小平文选》第3卷，北京：人民出版社，1993年，第255页。

③ 《邓小平文选》第2卷，北京：人民出版社，1994年，第136页。

④ 《邓小平文选》第2卷，北京：人民出版社，1994年，第150页。

制度。而且，社会主义也不是一成不变的，必须在性质不变的前提下随着社会历史条件发展而不断发生变化和调整。1890 年，恩格斯在给德国社会活动家奥·伯尼克的一封信中说过："我认为，所谓'社会主义社会'不是一种一成不变的东西，而应当和任何其他社会制度一样，把它看成经常变化和改革的社会。"① 因此，社会主义制度下的改革是极端必要的，也是符合社会发展规律的。

此外，社会主义改革的必要性，不仅仅限于理论上的论证，同时也是此前社会主义实践的要求。随着社会主义实践的演进，原有社会主义模式的一些局限开始暴露，这就使得社会主义制度丧失活力，也使马克思主义哲学禁锢牢笼，丧失活力。应该说从 20 世纪 50 年代中期起，中国就已经发现了苏联模式存在的问题，提出"以苏为戒"的口号，并力图进行有针对性的改革。可是，由于"左"的错误不断发展，既有社会主义体制的弊端和马克思主义哲学研究的弊端不但没有从根本上解决，反而日益僵化，使社会主义生产力发展受阻，也使马克思主义哲学陷入教科书体系的禁锢，难以推进。1978 年 12 月 13 日，在为十一届三中全会做准备工作的中共中央工作会议闭幕式上，邓小平作了《解放思想，实事求是，团结一致向前看》的重要讲话。针对思想领域的禁锢，邓小平指出，解放思想是当前的一个重大政治问题，"在我们的干部特别是领导干部中间，解放思想这个问题并没有完全解决。不少同志的思想还很不解放，脑筋还没有开动起来，也可

---

① 《马克思恩格斯选集》第 4 卷，北京：人民出版社，1995 年，第 693 页。

以说，还处在僵化或半僵化的状态"①，"一个党，一个国家，一个民族，如果一切从本本出发，思想僵化，迷信盛行，那它就不能前进，它的生机就停止了，就要亡党亡国"②，"实事求是，是无产阶级世界观的基础，是马克思主义的思想基础。过去我们搞革命所取得的一切胜利，是靠实事求是；现在我们要实现四个现代化，同样要靠实事求是"③。邓小平的这篇讲话，实际上就是随后召开的十一届三中全会主题报告，也是中国思想解放的宣言。在解放思想的感召下，在实事求是的要求下，中国的思想界和学术界发生了重大改变，中国马克思主义哲学研究也在这一宏大背景下和时代潮流的推进下突破了苏联教科书体系的桎梏与边界，踏入了实践唯物主义的新境界。

三、异化与人道主义的论争

从思想到实践，从实践到思想，真理标准讨论和改革开放为70年代末的中国马克思主义哲学注入了活力与动力。但在谈及马克思主义哲学突破教科书体系边界的历史机遇时，还有一场讨论无法绕过，那就是发端于1977年的异化问题与人道主义的讨论。刚刚经历了"文化大革命"十年的压抑，中国人的人性、精神甚至生命都遭遇了摧残。反思人性、重塑尊严成为社会的普遍诉求，加之受到西方人道主义思潮和东欧理论的影响，关于异化

① 《邓小平文选》第2卷，北京：人民出版社，1994年，第141页。

② 《邓小平文选》第2卷，北京：人民出版社，1994年，第143页。

③ 《邓小平文选》第2卷，北京：人民出版社，1994年，第143页。

问题和人道主义的讨论在中国兴起。但不是在哲学界，而是在文艺理论界。从 1977 年开始，"伤痕文学"从批判践踏人性、弘扬人道主义、呼唤人性回归的角度对人道主义进行讨论。随着讨论的深入，这一问题的学术中心从文学转向了哲学。1979 年起，异化问题和人道主义的哲学讨论在全国展开，在 1983 年达到顶峰。从马克思主义哲学的视角看，王若水的《人是马克思主义的出发点》最先把人的问题引入了马克思主义哲学基本研究范畴。这篇文章认为，当时的哲学教科书很少谈及人的价值、异化和解放问题，因而不能称之为完整的马克思主义哲学。马克思主义哲学恰恰是马克思从现实的、社会的、实践的人出发，唯物而又辩证地研究人的结果。[①]这一观点在哲学界引发了激烈讨论，哲学界的诸多重要学者如黄楠森、陈先达、薛德震、丁学良、高尔泰等都关于人的主体性问题表达了不同的见解和观点，形成了一场大规模的讨论。讨论的中心开始集中于人在马克思主义中的地位，后来延伸到马克思主义与人道主义的关系问题和能否用异化的观点解释历史和说明社会主义社会的消极现象。在这两个大问题上，都形成了截然不同的观点，且历时多年，人们对于争论的问题都没有达成共识。1984 年 1 月，胡乔木在中共中央党校发表了一篇题为《关于人道主义和异化问题》的长篇报告，在对人道主义问题讨论作出必要总结的同时也呼吁停止了这一向度的讨论。这篇文章认为，应该区分人道主义的两种含义：一是作为世界观和历史观的人道主义；一是作为伦理原则和道德规范的人道主义。前

---

① 王若水：《人是马克思主义的出发点》，见于《人是马克思主义的出发点——人性、人道主义问题论集》，北京，人民出版社，1981 年，第 1—15 页。

者属于与马克思主义相对的唯心主义思想体系，应摒弃；后者属于社会主义人道主义，应提倡。文章在最后谈到，"宣传人道主义世界观、历史观和社会主义异化论的思潮，不是一般的学术理论问题，而是关系到是否坚持马克思主义基本原理和能否正确认识社会主义实践的有重大现实政治意义的学术理论问题。在这个问题上的带有根本性质的错误观点，不仅会引起思想理论的混乱，而且会产生消极的政治后果"[①]。同时，胡乔木主张不再继续关于马克思主义人道主义和社会主义异化论的讨论。虽然王若水在两年后出版了《为人道主义辩护》提出质疑，认为"人道主义本质上是一种价值观念"，人并不仅仅纯客观地解释世界本身是怎样的，他还要站在人的立场问这个世界好不好，对这个世界作出价值判断；所以世界观不能排除价值观，而"应当包括价值观"，"价值观是世界观的一个方面"[②]。但这已无法改变这一话题淡出哲学研究中心的现状。

这一讨论的背景意义在于，其对马克思主义哲学中的人的问题进行了深化，在一定程度上更新了人们对马克思主义哲学的理解方式，为后来的价值论研究和人学研究提供了一些研究经验。但更值得我们反思的，还在于人道主义讨论与真理标准问题讨论截然不同的结局和影响，这又一次牵涉学术与政治的关系问题。没有一种学术能够完全去意义形态化或脱离政治意味。因为如果如此，这种学术也就失去了改变现实的途径，从而失去了价值。实现学术与政治的互动，或许是学术通向现实之路的最好选择。

---

① 胡乔木：《关于人道主义和异化问题》，《理论月刊》1984 年第 2 期。

② 王若水：《为人道主义辩护》，北京：生活·读书·新知三联书店，1986 年。

反观 70 年代末的马克思主义哲学研究背景，有两场讨论和一次改革。综合看待这三个因素，会为马克思主义哲学打破僵局后，由教科书体系进入实践领域提供最好的注脚；同时，也为马克思主义哲学为何没有进入人道主义领域或价值领域，提供最好的说明。L.阿尔都塞说，"哲学只有通过作用于现存的一整套矛盾着的意识形态之上，作用于阶级斗争及其历史能动性的背景之上，才能获得自我满足"[①]。可见，哲学既是学术体系，又是政治体系，马克思主义哲学概莫能外。因此，哲学是以抽象的概念体系反映特定的社会矛盾，解决特定的社会问题，这必然要体现特定范畴的利益诉求。

四、西方实践哲学的影响

由于改革开放和思想解放的不断深入，在苏联马克思主义哲学一元性影响被破除后，国际学术对中国学术的影响也更广泛、更多元。在实践唯物主义兴起的历史机遇中，西方实践哲学既是"好的老师"，却也形成了"羊群效应"[②]。实际上，西方哲学重新认识实践范畴的讨论发端于 20 世纪 20 年代，只是中国马克思主义哲学在特定的历史时期对西方哲学比较抵触，自我禁锢于苏联

---

① 阿尔都塞：《哲学与政治：阿尔都塞读本》，陈越编译，长春：吉林人民出版社，2003 年，第 238 页。

② 羊群效应最早是股票投资中的一个术语，主要是指投资者在交易过程中存在学习与模仿现象，"有样学样"，盲目效仿别人，从而导致他们在某段时期内买卖相同的股票。这里形容中国学术对西方学术的盲目教条。

哲学的体系框架内。直到 80 年代中后期才开始真正关注西方哲学领域，这个领域也就成为了与中国实践唯物主义兴起密切相关的国际学术背景。

20 世纪 20 年代，意大利共产党领袖 A. 葛兰西最早开始关注实践范畴，将马克思主义哲学解释为实践哲学，因为马克思主义哲学的核心特征就是实践。葛兰西认为，马克思主义哲学从马克思到列宁经历了两个阶段：从空想到科学和从科学到实践。马克思主义哲学的实质就是人的思想和意愿从一种想法转变为探寻社会历史发展的规律，这种科学本质就是社会历史的实践性。马克思主义哲学最关键的一步，就是列宁使这种科学本质本身变为现实，马克思主义哲学由此走向了实践。实践哲学的本质在于人对客观世界的改造。这种改造，绝不是唯我论的思想改造外部世界，而是改变客观现实的实践改造。在葛兰西这里，所有的实践都超越了认识论的边界，真正进入了实践领域。因此，与那些抽象的主体和客体相比，作为二者中介的实践恰恰是最重要的。这是对马克思主义哲学本质的重要认识，对后来中国实践唯物主义研究产生了重要的参考价值。

但非常遗憾，葛兰西的实践哲学在一个很好的基础上却走向了一种极端的认知。在强调实践的重要性后，葛兰西随即提出，马克思主义哲学最重要的不仅仅是改变世界，而且是要"推翻实践"，人类社会历史应该是"改变整个实践活动的过程"。从这个意义来看，葛兰西的"实践"就变成了马克思主义哲学"统一的中心"，马克思主义哲学也就变成了一种实践的"一元论"。这种一元论"肯定不是唯心主义的一元论，也不是唯物主义的一元论"，而倒是具体历史行为中对立面的同一性，那就是与某种被组织起来（历史化）的'物质'，以及与被改造过的人的本性具体地、不可分解地联结起来的人的活动（历史—精神）中的对立的同一性。行动（实践，发展）的哲学，但不是'纯粹'行动的哲学"①。葛兰西对"实践"绝对化的理解和定义，导致了他在理论上又偏离了马克思的轨道，同时在后来对中国马克思主义哲学的影响过程中，直接导致实践本体论最终把实践唯物主义推进死胡同。

　　对于西方马克思主义哲学而言，葛兰西及其之后的青年学者G.卢卡奇和K.柯尔施在有关实践哲学的研究中属于先行者，研究实践范畴的集大成者则属于法兰克福学派第二代学者A.施密特。在《马克思的自然概念》中，施密特认为，马克思是在1845年的《关于费尔巴哈的提纲》和《德意志意识形态》中对实践给予了准确定位。② 他批判了讲马克思主义哲学本体化的观点，提出要以马克思、恩格斯的经典论著作为研究的出发点。施密特认为，马克思主义哲学并不是精神上的变化，而是物质的、唯物的，是一种方法论的革命。马克思突破了旧哲学止于思辨的抽象的思维模式，在实践中去考察社会历史的发展和人的主体价值，以及人所创造的每一个社会历史时期。因此，无论是人学本体论，还是物质本体论，都不符合马克思的哲学革命的实质。③ 应该说，施密特的观点比葛兰西更具有实践理念和实践关怀，在中国的实践唯物主义研究中也产生了非常重要的影响。

---

① 葛兰西：《实践哲学》，徐崇温译，重庆：重庆出版社，1990年，第58页。

② 施密特：《马克思的自然概念》，欧力同、吴仲昉译，北京：商务印书馆，1988年。

③ 施密特：《历史和结构——论黑格尔马克思主义和结构主义的历史学说》，张伟译，重庆：重庆出版社，1993年。

在施密特将实践范畴研究推到顶峰之后，围绕这一问题最值得提及的是一场学术论战。60 年代，民主德国哲学界就马克思主义哲学体系问题发生了讨论。这场讨论的前提就是 60 年代初的"实践论争"，论争双方的代表就是柯辛和赛迪尔。柯辛认为，马克思主义哲学体系应突破苏联教科书简单化的结构模式，实现新的发展，从新的社会结构和科技变革的现实出发，重新思考马克思主义哲学的内在结构。赛迪尔认为，从辩证唯物主义导出历史唯物主义的做法会造就片面的哲学历史观，这样的历史唯物主义会忽视实践，从而无法阐明人的意义。他还认为，马克思主义哲学体系的出发点是实践，实践不仅是历史唯物主义的核心，也是整个马克思主义哲学的范畴核心。这种观点与柯辛的理论出发点完全不同，最终发展成为了"实践中心论"。回顾这样的论争，我们会发现，其与中国实践唯物主义后期的研究分歧存在一定的相似性，都同样关乎哲学本质这个根基性问题。在关于实践研究的国际背景中，直到今天还有些细微的流派，如日本广松涉的实践唯物主义体系，其在国内也有过研究，但没有形成重要的影响。

今天，我们从西方实践哲学的实践结果看，发现关于资本主义社会形态的新革命最终只是一个口号，仅仅是西方实践哲学家的一种理论冲动而已。从 20 年代的初现，到 60 年代的兴起，到 90 年代引入中国并产生影响，再到今天实践哲学研究的衰微，这与西方实践哲学本身的哲学范式有关，也与西方左派运动的衰微有关。1968 年 5 月发生在法国的"红色五月风暴"，是标志西方当代革命最大规模的群众运动。西方实践哲学家们的"没有什么东西叫作革命思想，只有革命行动"的战斗宣言，成就了当时火热的革命实践，这些实践哲学家似乎也成为了现实中的革命导师和精神领袖。但如一切不彻底的理论指导下的革命一样，虽然"革命"导致了法国总统戴高乐的隐退，虽然整个资本主义世界都陷入了对马克思主义的恐惧，但"红色五月风暴"还是匆匆落幕了。这些西方实践哲学家很快转换了阵营，成为了批判左派的批判家。在这种姿态下，西方实践哲学在实践上最终落幕，在此后的学术史中我们发现，西方左派理论被迫走向了另一种"实践"——人本主义。这种情形与中国马克思主义哲学面临的选择路径有些相似，结果却大相径庭，前者选择了人本主义，而中国则选择了历史唯物主义。但无论如何，反观对中国马克思主义哲学产生极大影响的西方实践哲学，我们仍能在今天的中国马克思主义哲学身上找到些许它们的影子。

第二节　对传统教科书体系的反思

一、缺失的主体性

在现当代，人们谈及马克思主义哲学传统教科书体系，往往涉及两种含义：一是苏联马克思主义哲学教科书体系；一是中国马克思主义哲学教科书体系。但 70 年代末中国马克思主义哲学研究所面临的现状是，中国马克思主义哲学教科书体系大都套用了苏联教科书模式。虽然具体内容上略有不同，加入了毛泽东思想的内容，但指导理路是完全一致的，且还没有经历后来的调整和完善。因此，那个时代的马克思主义哲学，在解放思想、回归实践的诉求中，所要摆脱或超越的则主要是指苏联教科书体系。

苏联马克思主义哲学教科书体系的实际建构虽是由 M.B. 米丁等青年哲学家完成的，但这一体系却完全秉承了斯大林对马克思主义哲学的观点。具体是以斯大林的《联共（布）党史简明教程》第四章第二节为基础形成的马克思主义哲学基本原理教科书体系，这一体系由此一般被认为是斯大林主义的产物，从而在当时的苏联国内和中国学界都获得了某种绝对真理性。客观地说，这一体系作为一种哲学思维范式，在中华人民共和国成立直到改革开放前都具有基本的历史意义，就也像马克思所说的："理论在一个国家的实现程度，总是决定于理论满足这个国家的需要的程度"①。因此，苏联教课书体系深刻影响了那个时代中国思想发展的进程，同时也对中国各个领域的状况有所反映。不论是紧随苏联模式也好，还是政治与思想上的绝对集中也好，教科书体系都适应了改革开放前的中国时代诉求。

苏联教科书体系的建构，是一个由 G.V. 普列汉诺夫开创、列宁拓展到米丁等青年学者完成的过程。俄国学者普列汉诺夫与德国第二国际的学者 E.伯恩斯坦、K.考茨基等不同，他建构了"辩证唯物主义认识论"解读模式，也就是苏联教科书体系的雏形。通过对恩格斯晚年著作的研究，如《反杜林论》《路德维希·费尔巴哈和德国古典哲学的终结》（简称《费尔巴哈论》）等，他对唯物主义本质和思想来源进行了深度挖掘。② 他认为，出现这种

---

① 《马克思恩格斯选集》第 1 卷，北京：人民出版社，1995 年，第 11 页。

② 参见姚顺良主编：《马克思主义哲学史：从创立到第二国际》，北京：北京师范大学出版社，2010 年，第 292–302 页。

理论状况的原因，并不能完全归结于第二国际马克思主义者理论水平的低下，或是因为受"新康德主义"的消极影响。实际上，一切理论源流的产生，都有其时代原因。"新康德主义"反映了当时已经具有现代性的德国的时代诉求，而与此同时期的俄国，还没有处于现代性前期。因此，唯物主义才是真正革命的哲学，普列汉诺夫正是德国唯物主义的继承者。

作为马克思主义哲学教科书体系的开创者，普列汉诺夫重视哲学的基本问题，他强调，马克思"是唯物主义的坚决拥护者，唯物主义是他的整个学说的基础"[①]。对普列汉诺夫而言，马克思主义哲学的唯物主义融入了黑格尔的辩证法。因此，其不仅仅是唯物主义哲学，更是辩证唯物主义。在此基础上，普列汉诺夫进一步认为，马克思主义哲学是一种体系化的唯物主义世界观，其本质都是辩证的。当然，这种辩证唯物主义也讨论历史问题，因此恩格斯所提及的历史唯物主义，都是对辩证唯物主义的描述。[②]

应该可以看到，在普列汉诺夫这里，苏联教科书体系就存在了不可挽回的缺陷。此后，列宁发展了普列汉诺夫的学说，在辩证法问题上有所推进，但对历史唯物主义仍未注意到。此后的苏联哲学围绕普列汉诺夫哲学和列宁哲学发生了两场大的论争：机械论学派和辩证法学派之争；德波林学派和以米丁为首的青年哲学家之争。第一场论争以德波林学派胜利告终；而第二场论争在斯大林政治因素干预下，主张哲学应服从并服务于政治的青年哲

---

① 普列汉诺夫：《普列汉诺夫哲学著作选集》第 2 卷，北京：生活·读书·新知三联书店，1961 年，第 377 页。

② 普列汉诺夫：《普列汉诺夫哲学著作选集》第 2 卷，北京：生活·读书·新知三联书店，1961 年，第 311 页。

学家获得了胜利。

此后，米丁等人系统建构了马克思主义哲学教科书体系。有关于此的成果，我们较为了解的有西洛可夫等人编写的《辩证法唯物论教程》①，还有苏联共产主义学院哲学研究所主编的《辩证唯物主义和历史唯物主义》（最为重要），其中上册为米丁主编的《辩证法唯物论》②，普列汉诺夫的印记清晰可见。此后，斯大林的《论辩证唯物主义与历史唯物主义》与这一版本结构大致相同，从而为苏联教科书体系在政治上确立了不可撼动的指导地位。

以苏联教科书为蓝本，中华人民共和国成立以后，中国马克思主义哲学教科书在一定程度上吸收中国成果的基础上完成了体系建构。因此，马克思主义在中国思想领域的主导地位，实质上就成了在结构上天然具有缺陷的苏联传统教科书体系在中国思想领域的主导。这里必须说明的一点是，苏联马克思主义哲学还存在一个关键问题，那就是，"把身为苏联共产党最高领导人，被目为真正的列宁主义者的斯大林的《论辩证唯物主义与历史唯物主义》一书奉为现阶段马克思主义哲学的顶峰，这样，辩证唯物主义是党的唯一世界观这个命题，实际上就变成：只有斯大林的哲学才是党的唯一世界观。在斯大林个人崇拜的潮流之下，他的哲学也就必然地被教条化为不可侵犯的、非遵从不可的绝对哲学。……这样，把全部哲学变为清一色的斯大林哲学的运动，不仅推行于苏联，而且在国际上也扩及整个左翼阵营"③。由此导致

---

① 西洛可夫、爱森堡等：《辩证法唯物论教程》，李达、雷仲坚译，上海：笔耕堂书店，1932年第1版。

② 米丁主编：《辩证法唯物论》，沈志远译，上海：商务印书馆，1936年第1版。

③ 许万元、金大白：《斯大林哲学中的问题》，《哲学译丛》1979年第1期。

的直接后果，就是思想领域的禁锢和政治领域的集权。这种状况到 70 年代末，随着中国改革开放进程、思想解放进程的开启，苏联教科书体系本身所具有的一切优点和缺点也都更加凸显，这些优点和缺点也就成为其意义和局限的根源所在。

二、绝对的必然性

如前所述，本书所要讨论的"教科书体系"是指源于斯大林时代苏联哲学教科书的马克思主义哲学原理体系。改革开放以后，中国学界开始反思斯大林的社会主义模式，同时在理论上开始探索中国特色的马克思主义哲学。既然苏联教科书体系亦具有时代适应性，为什么还会被学术进程所淘汰，原因还是与时代有关。随着改革开放进程的开启，中国的经济、社会、政治、思想都发生了重大转型，以往集中式的、一元式的强调"绝对必然"的苏联模式，已无法适应时代的需求，因而教科书体系也就逐渐淡出历史舞台。

苏联教科书体系缺乏马克思主义哲学的基本理论品质。首先，苏联教科书体系在先天的理论建构方面存在缺陷，从本质上看，它在建构源流上将历史唯物主义看成是辩证唯物主义在社会历史领域的推广和应用，这反映了苏联教科书体系仍具有旧哲学的思维特征，是对马克思主义经典理论的误读。这一点，在前面的论述中已经谈到。如前所述，普列汉诺夫是"教科书体系"的基础建构者。因此，对米丁等最终完成者而言，他们所做的工作是用相关理论内容去完成普列汉诺夫建立起来的框架。同时，米丁等人还具有更为优越的基础和条件，他们不仅非常细致而又全面地研读了马克思恩格斯经典理论，同时了解俄国革命的实际状况和列宁学术。但他们没有以最优质的理论资源去充实"教科书体系"。这或许与政治干预有关，或许与哲学理念有关，不得而知。可实际情况就是，他们尽管少量使用了《哲学笔记》《政治经济学批判·序言》《德意志意识形态》和《资本论》，但其主要的理论来源依然是《反杜林论》《路德维希·费尔巴哈与德国古典哲学的终结》等。从理论来源的分析，我们可以看出，前几种著作多涉及唯物史观的内容，却被米丁等人弃置，而后几种更倾向于针对错误思潮的、论战式的著作受到了重视。这就造成了教科书体系在表述上的通俗化、理论上的简单化和逻辑上的不系统。

在这方面，高清海认为，苏联教科书体系的建构者对马克思主义存在不解，因此这套体系仍停留在 18 世纪的唯物主义水平。他认为，《反杜林论》是一部与杜林的论战性著作，而杜林的哲学水准是非常低的，恩格斯称他为"小学生"。因此这场论战，只需要使用一般唯物主义的观点，就足以取得批判的胜利。因此，《反杜林论》在理论建构方面，完全无法成为马克思主义哲学体系建构的主干型文本。但是，面对《反杜林论》，米丁等人却把其中有针对性、有特定语境的论述当作无条件的真理来套用，以此把一些批判式的观点视为马克思的观点甚至是马克思主义哲学的原理来使用，就使苏联教科书体系难以摆脱旧哲学的干扰。[①] 因而，在此后对苏联实践甚至中国早期实践的指导中，这

---

① 参见高清海：《马克思主义哲学的两种理论形态》，《哲学动态》2000 年第 2 期。

套体系随着时代的演进就越来越缺乏理论解释力和战斗力。

其次，这套哲学体系采用了灌输式的传播样态，总是通过宣讲和强制的方式向大众传播马克思主义哲学原理。而马克思主义哲学作为时代精神的表达，是马克思、恩格斯通过对当时资本主义社会的深入分析和理性批判所总结出来的关于人类社会发展规律的哲学成果，是对以往思辨式的旧哲学进行合理颠覆与合理吸收所完成的革命式的哲学成果，同时是始终以改造世界为使命的崭新哲学。因而，马克思主义哲学始终应当面对时代、面对大众，不断发展、不断演进。苏联教科书体系显然不具备此种理论品质。马克思曾经谈到过："批判的武器当然不能代替武器的批判，物质力量只能用物质力量来摧毁；但是理论一经掌握群众，也会变成物质力量。"① 一旦失去了群众，一套理论体系就失去了生长的土壤，也就失去了存在的价值。苏联教科书体系之所以丧失了马克思主义哲学应有的理论品格，与其理论形成与时代背景有关。在俄国，复杂多变的政治斗争一方面使俄国理论家和革命者意识到用科学的理论掌握群众是多么重要，列宁也曾说过："没有革命的理论，就不会有革命的运动"② 。但另一方面，俄国理论家又不像马克思那样相信群众，他们认为群众不可能领会和理解高度学术化的马克思主义哲学原理，必须采取灌输的方式使群众获得革命理论，这也是这套体系缺乏唯物史观、缺乏群众观的表现。俄国理论家所采取的方式不是让马克思主义大众化，而是让马克思主义通俗化，"通俗化，把它灌输给工人，应该帮助工

① 《马克思恩格斯选集》第 1 卷，北京：人民出版社，1995 年，第 9 页。
② 《列宁全集》第 6 卷，北京：人民出版社，1986 年，第 23 页。

人领会它并制定一个最适合我国条件的组织形式，以便传播社会民主主义并把工人团结为一支政治力量"[1]。在这种思路的指导下，苏联教科书体系机械灌输大众的结果与预期适得其反。虽然"教科书体系"的目的和使命是要用"社会发展和政治斗争规律的知识""革命动力的知识"去武装群众，让群众的思想和行动统一到苏共所领导的社会主义建设事业中去[2]，但结果却违背了初衷。

第三，苏联教科书体系受到了太多政治因素的干预，因而被打上了斯大林体系的烙印，这种过于彰显的政治性妨碍了体系本身的自我完善和演进。由于政治干预，这套体系的确立和传播也更多是得益于政治权威而非学术权威。中华人民共和国成立初期的马克思主义哲学教科书就是以苏联教科书为范本完成的，这从当时的世界范围来看，当然不是唯一的一本。我们发现1938～1949年，斯大林《论辩证唯物主义与历史唯物主义》先后再版234次，被译成66种文字，总发行量超过3570万册。[3]这些惊人的数字并不是理论本身的力量，而是来自政治性的福音。在俄国国内，斯大林的专制统治当然也体现在思想领域，借由政治手段打压其他的学术理论思潮；在国际范围，处于世界共产主义运动顶峰的苏联及苏共，当然具有不可撼动的领导地位，这种地位促进了苏联教科书体系的社会主义阵营内的国际性传播。回到政治与学术的关系，如果不是互动，而是政治决定学

---

① 《列宁全集》第 1 卷，北京：人民出版社，1984 年，第 284 页。

② 联共（布）中央特设委员会编：《联共（布）党史简明教程（导言）》，北京：人民出版社，1975 年，第 2 页。

③ 张亮：《应当如何正确对待教科书体系？》，《福建论坛（人文社会科学版）》2011年第 7 期。

术，政治立场决定学术立场，政治态度决定学术态度，那么敢于冒大不韪者必定寥寥。

当然，这种简单化的马克思主义哲学结构也为西方反马克思主义者大开进攻的方便之门。以所谓研究"苏联学"而著名的天主教学者 I.M. 鲍亨斯基，实际上就是利用了苏联教科书式的马克思主义哲学对马克思主义本身提出批评。这种把马克思的学说看成各种对立因素的观点，是苏联教科书体系为其留下了歪解马克思的空间，也直接导致了后来"马恩对立说"的出现。

第三节　实践唯物主义的诉求

一、实践是马克思主义哲学的出发点

在真理标准问题讨论之后，实践不仅成为一个时代的关键词，同时也成为马克思主义哲学研究体系的关键词。如前所述，苏联教科书体系以及中华人民共和国成立之初沿用了苏联体系的中国教科书体系，都是把实践作为认识论的范畴加以研究和阐述的。但在真理标准问题讨论之后、中国改革开放以来，随着人们研究思路的放开和社会生活的开放，实践越来越成为一个独立的主流的研究范畴，并逐渐发展成为 80 年代中期到 90 年代中国马克思主义哲学的标志范畴，甚至被用来表征马克思主义哲学的根本性质。这里，我们不妨先来考察马克思"原初语境"中的"实践"，再来考察中国马克思主义哲学语境中的多种"实践"，以此

来回顾并分析中国实践唯物主义研究鼎盛的原因及趋向。

不论认为"实践"是马克思主义哲学的"基本观点"还是"首要基本观点",不论认为"实践"是唯物主义的前提还是主张"实践本体论",不论认为马克思主义是实践唯物主义还是历史唯物主义或辩证唯物主义,不论在何种争论中,如果我们"回到马克思"就必须承认,"实践"本身是马克思主义哲学与旧哲学相互区别的重要标准。首先对"实践"的理解,马克思与以往的哲学家均有所不同。古希腊的亚里士多德最早提出实践概念,认为理论哲学的重要性比实践活动的重要性要高[①]。在亚里士多德看来,实践只是伦理学范畴中的道德活动,这种对实践的看法对西方哲学研究的影响非常深远。直到德国古典哲学时期,康德依然认为实践指向的是人们的道德活动,这种看法的实质都只是一种抽象的实践观。真正使"实践"突破伦理学边界进入哲学领域的哲学家是黑格尔,他的辩证法充分肯定了人的劳动以及实践对于人类社会历史发展和人本身的意义。但黑格尔对实践和劳动的认识仍是模糊的,他认为实践和劳动主要指向人的思维活动,直到马克思的实践观诞生,这种情况才被扭转。马克思曾在批评黑格尔的实践观时说:"他把劳动看作人的本质,看作人的自我确证的本质;他只看到劳动的积极的方面,而没有看到它的消极的方面。劳动是人在外化范围内或者作为外化的人的自为的生成。黑格尔唯一知道并承认的劳动是抽象的精神的劳动。"[②]

马克思《关于费尔巴哈的提纲》中通过对费尔巴哈实践观

---

① 亚里士多德:《尼各马科伦理学》,苗力田译,北京:中国社会科学出版社,1999 年,第 125–130 页。

② 《马克思恩格斯全集》第 42 卷,北京:人民出版社,1979 年,第 163 页。

的批判，明确提出实践活动指向的应是人的物质实践活动。"从前的一切唯物主义——包括费尔巴哈的唯物主义——的主要缺点是：对对象、现实、感性，只是从客体的或者直观的形式去理解，而不是把它们当作人的感性活动，当作实践去理解，不是从主体方面去理解。因此，结果竟是这样，和唯物主义相反，唯心主义却发展了能动的方面，但只是抽象地发展了，因为唯心主义当然是不知道现实的、感性的活动本身的。费尔巴哈想要研究跟思想客体确实不同的感性客体，但是他没有把人的活动本身理解为对象性的活动。因此，他在《基督教的本质》中仅仅把理论的活动看作是真正人的活动，而对于实践则只是从它的卑污的犹太人的表现形式去理解和确定。因此，他不了解'革命的'、'实践批判的'活动的意义。"① 从这个意义理解，马克思新的实践观与以往一切思辨哲学的实践观截然不同。这也正如他所言，"社会生活在本质上是实践的"②。马克思对实践的定义突破了以往西方哲学的框架，建立了一种崭新的哲学。当然，对实践的研究并不止于此，马克思还将以实践为基本概念的理路，最终上升到了历史观的角度。"这种历史观和唯心主义历史观不同，它不是在每个时代中寻找某种范畴，而是始终站在现实历史的基础上，不是从观念出发来解释实践，而是从物质实践出发来解释观念的形成。"③ 这里，马克思实现了对旧哲学的颠覆，为解释世界寻找到了最佳出口。当然，对实践的研究也没有止于此，因为马克思主义哲学的使命不仅在于"解释世界"，更在于"改变世界"，因

---

① 《马克思恩格斯选集》第1卷，北京：人民出版社，1995年，第58页。

② 《马克思恩格斯选集》第1卷，北京：人民出版社，1995年，第60页。

③ 《马克思恩格斯选集》第1卷，北京：人民出版社，1995年，第92页。

此，人的物质的实践最终成为了改变世界的重要方式。"而且对实践的唯物主义者即共产主义者来说，全部问题都在于使现存世界革命化，实际地反对并改变现存的事物。"① 至此，马克思以实践为基础，完成了他对旧哲学的颠覆。那么，是不是"实践"就是马克思主义的首要基础之义呢？中国的实践唯物主义哲学在这个问题上展开了最广泛的研究。

从马克思的"原初语境"对实践进行解读，中国马克思主义哲学语境中的"实践"具有了多重意味。或者是涵盖全部人类活动的实践，或者是精神生产与精神交往之外的实践，或者是与人无关而与现象本身相关的实践，或者是生产力和经济基础运动的实践，这种种表达与反思既促成了对实践范畴本身研究的推进，也促成了实践唯物主义研究的兴起。通过对马克思实践原义的解读，人们发现，仅仅采用传统教科书体系那种简单的对实践活动的理解和分析，已无法充分解释实践的逻辑内涵。因为没有唯物史观作为背后的逻辑框架，生产力与生产关系、经济基础与上层建筑的解读模式实际上是在无形中淡化了人的社会历史地位和作用，实践也就变成了无根之木、无源之水。随着中国实践唯物主义研究的展开和兴起，不仅实践范畴在马克思主义哲学中的基础性地位得以确立，而且与此相关的人的历史地位和唯物史观的功能也都更进一步地受到了重视，这对马克思哲学研究而言是一个巨大的进展。

---

① 《马克思恩格斯选集》第 1 卷，北京：人民出版社，1995 年，第 75 页。

二、高扬人的主体性

70 年代末，真理标准问题讨论开启了中国思想领域的解放之门。伴随改革开放对中国社会主义道路的崭新探索，中国马克思主义哲学在思想与时代的双重作用下，对束缚多年的存在诸多不足的苏联教科书体系展开了反思，由此发生了巨大转型。就中国马克思主义哲学教科书体系而言，在研究对象、研究功能等许多方面都进行了调整，重点在于对人的主体性的关注。

1959 年，为规范中国马克思主义哲学教学和研究，受教育部委托，各省和一些大学都曾编写过马克思主义哲学教科书，其中较具有代表性的有上海、湖北、广东、吉林、北京大学、中国人民大学编写的 6 个版本的教科书。后来在此 6 个版本的基础上，由艾思奇编写的《辩证唯物主义历史唯物主义》成为全国统一教材。"文化大革命"结束后，1978 年，这本教材被重新印刷并再次出版发行，但内容仍具有典型的苏联教科书体系特征。直到 1982 年，重新编写的教材《辩证唯物主义和历史唯物主义》出版。后来又在 1984 年、1990 年、1995 年分别对这一教材进行了修订和出版。通过这一系列举措，中国马克思主义哲学教科书对苏联教科书体系实现了不断的反思和超越，最为突出的变化表现在两个方面：一是关于实践范畴的阐述，另一个就是关于人的主体性的阐述。[①]

首先，关于实践范畴的阐述。《辩证唯物主义历史唯物主义》

---

① 此种研究趋势与当时马克思主义哲学领域热门的两大讨论（之前谈到的真理标准问题讨论、异化问题和人道主义讨论）完全契合。

和《辩证唯物主义和历史唯物主义》1982 年版、1984 年版，都把实践作为认识的范畴进行表述，几乎没有对实践和人本身进行基础性的研究。到了 1990 年版的《辩证唯物主义和历史唯物主义》，教材第一章把"自然界、社会、人类"作为一个具体的问题进行了探讨，同时提出，自然界、社会和人类是物质世界的基础，实践是自在世界向人化世界转化的基础。这就对实践有了更进一步地认识。1995 年版的《辩证唯物主义和历史唯物主义》提出把马克思主义哲学理论体系的基础和核心定位于实践，由此，实践的观点得到了进一步强化。这一版教科书把"实践与世界"作为第二章，详细阐述了实践的性质、特点和规律等，充分强调了实践与世界的二重化，认为主观世界和客观世界、自在世界和人类世界是分化和统一的关系，这是实践的世界观意义。除了以实践来定义哲学的性质外，这样做的好处还在于，使辩证唯物主义和历史唯物主义相互贯通，不再是割裂的两个体系，而是交融交织在一起共同构成马克思主义哲学的科学体系。这个体系就是以实践为特征的辩证的历史唯物主义。

其次，关于人的阐述。《辩证唯物主义历史唯物主义》仅仅在最后一章谈到了人民群众及其历史作用，1982 年版的《辩证唯物主义和历史唯物主义》依然延续了前一版本的框架结构，但又增补了一章"社会进步和人的解放"，并在这一章中表达了这样的思想——认为历史唯物主义只强调"物"不强调"人"是错误的理解，只有历史唯物主义才科学地说明了人的本质和人类社会的进步之路。此后的 1984 年版几乎没有变化。到了 1990 年，在新版《辩证唯物主义和历史唯物主义》对唯物史观的表述中，强调了历史规律的客观性与人的自觉活动相统一，同时在对人类社会的进一步考察中，突出了人的全面发展，并兼顾到了"人的价值""人的全面发展"等方面。这是对唯物史观的正面表述，是对历史唯物主义的兼顾与深入。

三、基于实践的中国马克思主义哲学观建构

除了对教科书体系本身的革新，哲学领域内的反思、批判与争论更为活跃。仍持肯定意见的学者固然有之，但认为应该改进马克思主义哲学研究框架和研究范式的学者成为当时的主流，这与时代的呼声也是一致的。1985 年，《文史哲》发表了高清海的《论现有哲学教科书体系必须改革》[①]；1986年，他又发表了《论哲学及其教科书体系的改革问题》[②]。高清海认为，"教科书体系中提出的问题（即它要回答的问题），像世界的本原是什么？万物归根到底是什么东西？这基本上仍是旧哲学所要回答的问题。这些问题旧哲学回答不了，马克思主义哲学也回答不了。因为它本来就不属于哲学应该和所能回答的问题。把这些问题看成马克思主义哲学的基本内容，就是把马克思主义哲学本体论化了，就不仅同旧哲学区别不开，同实证科学也难以区别了"[③]。此后的几年内，高清海都在为马克思主义哲学体系的全新构建而努力，他持续进

---

① 高清海：《论现有哲学教科书体系必须改革》，《文史哲》1985 年第 5 期。

② 高清海：《论哲学及其教科书体系的改革问题》，《辽宁大学学报（哲学社会科学版）》1986 年第 2 期。

③ 高清海：《论哲学及其教科书体系的改革问题》，《辽宁大学学报（哲学社会科学版）》1986 年第 2 期。

行相关的研究。直到 2002 年，仍在进行如《马克思主义哲学的两种理论形态》[①]等与哲学体系的有关研究。此外，黄楠森、孙伯鍨、俞吾金、杨耕、孙正聿等学者也都进行过与哲学体系改造有关的研究。1983 年，黄楠森发表了《一个以列宁的〈哲学笔记〉为根据的唯物辩证法体系草图》[②]等；1997 年，仰海峰与张一兵合写的《体系哲学还是科学的革命的方法论——关于马克思主义哲学特质的思考》发表在《天津社会科学》；2000 年，孙伯鍨、张一兵等在《江苏社会科学》第 1 期发表了《体系哲学和马克思主义哲学》。除了相关研究的论文成果外，还有一些有关哲学体系改革的重要著作。如 1978 年公开出版的李达在 60 年代主编的《唯物辩证法大纲》[③]，还有肖前等主编的《辩证唯物主义原理》和《历史唯物主义原理》[④]，李秀林等主编的《辩证唯物主义和历史唯物主义原理》[⑤]，吴晓明撰写的《思入时代的深处：马克思哲学与当代世界》[⑥]，陈晏清和阎孟伟合著的《辩证的历史决定论》[⑦]等。值得特别关注的是，以上教材都对苏联教科书体系进行了调整，突出了各自的研究特点，加入了新的内容，但真正对苏联教科书体

[①]　高清海：《马克思主义哲学的两种理论形态》，《哲学动态》2000 年第 2 期。

[②]　黄楠森：《一个以列宁的〈哲学笔记〉为根据的唯物辩证法体系草图》，《人文杂志》1983 年第 1 期。

[③]　李达主编：《唯物辩证法大纲》，北京：人民出版社，1978 年。

[④]　肖前、李秀林、汪永祥主编：《辩证唯物主义原理》，北京：人民出版社，1981 年；《历史唯物主义原理》，北京：人民出版社，1983 年。

[⑤]　李秀林、王于、李淮春主编：《辩证唯物主义和历史唯物主义原理》，北京：中国人民大学出版社，1982 年。

[⑥]　吴晓明：《思入时代的深处：马克思哲学与当代世界》，北京：北京师范大学出版社，2006 年。

[⑦]　陈晏清、阎孟伟：《辩证的历史决定论》，北京：中国社会科学出版社，2007 年。

系结构进行质的修改，还是 1985 年高清海主编的《马克思主义哲学基础》①。这一教材按照主客体关系的理论框架对马克思主义哲学原理进行了重新安排，是对原有框架的体系性变革，遗憾的是未能普遍推广。

综合哲学教学领域和哲学研究领域所发生的一系列改变，可以说这一时期的中国马克思主义哲学已经发生了重大转变，突破原有的教科书体系框架延展到了社会实践领域。另外，历史唯物主义也开始获得关注，与此相关，以实践为基础的马克思主义哲学的完整体系框架正在隐约形成。

80 年代中期到几乎整个 90 年代，围绕实践唯物主义的研究和争论占据了半壁江山。1983 年，肖前发表了《马克思主义哲学是实践的唯物主义》②，在率先亮明其哲学观点的同时也开启了实践唯物主义研究的大幕。文章围绕是否能以实践来定义马克思主义哲学的性质问题展开，由此展开的讨论迅速划分为两种大的论调：一是认为马克思主义哲学的性质就是实践唯物主义；一是不认同马克思主义哲学的性质就是实践唯物主义。赞成的阵营划分为许多流派，有一元论者也有本体论者，他们被统称为"实践唯物主义派"。反对的阵营也存在分歧：有人认为物质观点仍是哲学的第一观点；有人认为应该将实践唯物主义改为"实践人本主义"；还有人认为马克思主义哲学的研究对象归根到底是人和人类社会，其他范畴包括实践在内，都附着于人的范畴，因此他们

---

① 高清海主编：《马克思主义哲学基础》(上册、下册)，北京：人民出版社，1985 年、1987 年。
② 肖前：《马克思主义哲学是实践的唯物主义》，《东岳论丛》1983 年第 2 期。

形成了"历史唯物主义派"。① 回顾那段学术史，我们发现，不论观点如何、阵营如何，几乎所有的哲学研究者都参与了以实践为主题的讨论。这里我们不想陷入整个学术争论的对错与功过，而只是对这一研究转向本身的学术意义做出评价。毋庸置疑，实践唯物主义的兴起是对新时期马克思主义哲学观建构的一种探索，对整个新时期以来的马克思主义哲学研究而言，意义重大。

第一，实践唯物主义的兴起，既是对改革开放时代呼声的回应，也是对马克思主义哲学整体研究的推进。《实践是检验真理的唯一标准》通过对"两个凡是"的批判和对"实践"这一马克思主义哲学基本范畴的重申，为中国的改革开放进程拉开了思想帷幕，同时也为解放思想、实事求是的宗旨奠定了基础，因此，强调以实践来定义中国马克思主义哲学性质的研究理路，无疑是对改革开放时代呼声的回应。有学者说，"当我们习惯性地运用那些熟知的哲学概念来分析现实问题时，是否对这些概念进行了认真的清理和透彻的批判？是否对我们认识问题的'理解的前结构'进行了严肃的反思和真正的拷问？否则，我们在结合时代的任务发现马克思哲学的当代意义时就会陷入困境，就很难在总结实践经验的基础上实现哲学的创新"②。因此，时代的问题是哲学的问题，时代的任务亦是学术的任务，必须如此才能使哲学真正具有现实意义。此外，实践唯物主义研究也在客观上打破了教科书体系一统天下的局面，在争论中形成的不同哲学主张和流派（前文已经概述）使马克思主义哲学变得多样化，这也是学术活

---

① 任平等主编：《当代视野中的马克思主义哲学》，苏州：苏州大学出版社，1999 年。

② 孙辉：《人文关怀与实践概念》，《光明日报》2002 年 12 月 26 日。

力的表现。

第二，实践唯物主义研究的兴起与新哲学体系的建构，使回归马克思、恩格斯经典原著的哲学实证性研究开始崭露头角。在研究实践范畴之前，中国马克思主义哲学的实证性研究非常欠缺，普遍存在被动接受苏联学者总结好的"二手"观点和框架的问题，反思性不强，考据性也很弱，理论出发点存在误差。但新时期以来，实践唯物主义研究的深入和推进迫使研究者必须回到原点、回到马克思那里去寻找问题答案和理论依据，而不是继续在苏联教科书体系的框架内打转。由此，"回到马克思"的呼声在受到冲击的同时，也响彻中国学界，不可否认，今天仍在盛行的文本研究范式正是起源于此。在当时来看，这是具有进步意义的。正如恩格斯所言："一个人如想研究科学问题，首先要在利用著作的时候学会按照作者写的原样去阅读这些著作，首先要在阅读时，不把著作中原来没有的东西塞进去。"[1]

第三，对以实践为基础的哲学体系建构的探索，推动了对哲学本质问题的研究和思考。对一种哲学体系而言，本质问题是最核心的问题，这决定了体系的性质、结构和归属，这就是哲学观问题。追问"什么是哲学"就是哲学的全部根本所在。就中国马克思主义哲学而言，显而易见，对这一追问的回答是难以达成共识的。因为，对自身的批判和认识往往超越了自身的框架和视野，所以是最难达到的。有人说哲学具有不可定义性，但朝这个方向努力的过程就是哲学进步的过程。实践唯物主义研究展开以前，哲学观的迷茫也出现在了中国马克思主义哲学面前。那

---

[1] 《马克思恩格斯全集》第25卷，北京：人民出版社，1974年，第26页。

时的马克思主义哲学性质是比较模糊的，只有体系而没有明确的性质。因此，无论以"实践"来定义中国马克思主义哲学是否准确、是否科学，但这种研究思路和研究指向为构建中国马克思主义哲学体系提供了前提和可能。

第三章

历史唯物主义的回归

    20 世纪 90 年代末，在改革开放深入推进和西方实践哲学产生影响的大背景下，实践唯物主义由蓬勃兴起逐渐陷入困境。这种困境，主要来自于实践范畴本身无法到达的理论边界，以及实践唯物主义自身的先天性理论缺陷。这种困境主要表现为实践唯物主义内部的急剧分化和激烈争论，尤其是实践本体论的提出，甚至把实践唯物主义推到了形而上学体系建构的边缘。鉴于实践范畴的争论和实践唯物主义内部的分化，实践唯物主义最终未能形成理论体系，以此为主导的中国马克思主义哲学体系也未能确立。于是，进入 21 世纪的中国马克思主义哲学，依然面临完整哲学体系如何建构这样一个哲学观问题。在经过一系列的探索和尝试后，历史唯物主义的再出场则突显了现实对理论的实际诉求。必须说明的是，强调历史唯物主义并不是对实践唯物主义的抛弃或否定，而是与实践唯物主义的互动。

第一节　实践唯物主义的理论瓶颈

一、内部分化与"马恩对立说"的出现

马克思说:"哲学家并不像蘑菇那样是从地里冒出来的,他们是自己的时代、自己的人民的产物,人民的最美好、最珍贵、最隐蔽的精髓都汇集在哲学思想里。"[①] 随着中国的实践唯物主义进入研究巅峰,其内部流派纷争的景象却让人感到哲学流派就像是蘑菇从地里冒出来一样。这种流派间的论争对于推动理论进步而言具有积极意义,但同时也说明实践唯物主义没能建构起科学、完整的哲学理论体系,说明这种哲学还存在缺陷。围绕实践唯物主义涉及的哲学问题,我们可以清晰地回顾实践唯物主义在90年代末呈现出来的严重内部分化的景象。

首先,关于马克思主义哲学本质问题的讨论。哲学观的讨论从来都未停止,在90年代末,中国马克思主义哲学讨论的焦点集中于哲学的性质问题,集中表现为历史唯物主义、实践唯物主义、辩证唯物主义是何种关系且何种更能表征哲学性质,也就是实践唯物主义在中国马克思主义哲学体系中的地位问题。围绕这个问题,有三种代表性观点:第一,辩证唯物主义是马克思主义哲学的本质,实践唯物主义是其合理延续,二者具有一致

[①] 《马克思恩格斯全集》第1卷,北京:人民出版社,1995年,第219页。

性。受教科书体系的影响，持此观点的学者认为辩证唯物主义依然是马克思主义哲学的本质，实践唯物主义的提出是对辩证唯物主义的完善，是为了进一步维护辩证唯物主义，而不是取代其本质地位。肖前在《实践唯物主义研究》的序言中说："肯定实践的唯物主义并不意味着否定辩证的唯物主义。二者都是标志马克思主义哲学与旧唯物主义原则区别的正确表述。旧唯物主义既是形而上学的唯物主义，又是直观的唯物主义。把马克思主义哲学的唯物主义哲学名之曰辩证唯物主义，是针对旧唯物主义的形而上学而言的；把它命名为实践的唯物主义，则是针对旧唯物主义的直观性而言的。"[①] 持这一观点的学者还有很多，如安启念《辩证唯物主义还是实践唯物主义——再读马克思》就不认为辩证唯物主义与实践唯物主义对立，认为二者有可能统一，且以前者为主导。[②] 第二，实践唯物主义代表了马克思主义哲学的性质，辩证唯物主义被实践唯物主义所覆盖或取代。持此种观点的学者认为，反观马克思主义哲学发展史，马克思的《关于费尔巴哈的提纲》是关于实践唯物主义思想的第一次表述，在此之后，马克思、恩格斯合著的《德意志意识形态》才全面、完整地阐发了实践唯物主义世界观。这里需要特别注意的是，恩格斯在《路德维希·费尔巴哈和德国古典哲学的终结》（简称《费尔巴哈论》）中论及旧唯物主义的局限性时，并未提及被马克思所批判的旧唯物主义，只是从客体视角对现实世界进行理解，而未能从主体视角

---

① 肖前、李淮春、杨耕主编：《实践唯物主义研究》，北京：中国人民大学出版社，1996 年，第 2 页。

② 安启念：《辩证唯物主义还是实践唯物主义——再读马克思》，《学术月刊》2011年第 3 期。

也就是未能看作实践活动进行理解。在《反杜林论》第三版序言中，恩格斯论述马克思创立唯物史观时，也未能指明马克思批判地改造黑格尔唯心主义的重要的能动性的理论，特别是其中包含着的创立实践唯物主义的问题。当然，恩格斯在《自然辩证法》中与马克思一样重申了劳动和自然界共同构成社会财富的来源。因此，这些学者认为，马克思和恩格斯在这些方面出现了不一致甚至是对立的情况，恩格斯所表达的现代唯物主义和马克思所表达的实践唯物主义是完全不同的。持此种对立观点的学者，还在列宁的哲学思想中挖掘了论据。他们认为，列宁的某些思想与实践唯物主义一致或相近，但其在分析旧唯物主义的局限时，几乎完全秉承了恩格斯的思想，因而也就未能形成马克思那样的从主体视角、从实践层面去理解客观世界的实践唯物主义。尤其是到了斯大林时代，以《辩证唯物主义与历史唯物主义》为基础所建构的苏联马克思主义哲学体系，已经很难寻觅马克思哲学思想的实质了。所以，以辩证唯物主义取代实践唯物主义在很大程度上是对马克思哲学整体思想的割裂。此后很多年对这种对立观点的批判或讨论，都是重新破除教条式理解马克思主义或错误理解马克思主义，从而恢复马克思哲学本来面貌的一种努力。除了"马恩对立说"之外，认为应当以实践唯物主义来代表马克思主义哲学性质的学者在当时还有很多，代表性的有徐崇温[1]、张一兵[2]、李

---

[1] 徐崇温:《马克思的实践唯物主义》,《哲学动态》1988 年第 7 期;《时代呼唤着实践唯物主义》,《哲学动态》1988 年第 12 期;《实践唯物主义不是唯实践主义》,《哲学动态》1989 年第 10 期。

[2] 张一兵:《实践唯物主义是一个新的哲学框架》,《哲学动态》1989 年第 5 期。

德顺①、邓晓芒②等。第三，实践唯物主义是辩证唯物主义的历史观，因此二者不能对立。持此观点的学者认为，马克思主义哲学的本质仍是辩证唯物主义，实践唯物主义是辩证唯物主义的历史观而已。由此，这种观点得出的结论就变成了——实践唯物主义等同于历史唯物主义，这两种唯物主义都不过是辩证唯物主义历史观而已。因此，实践唯物主义和历史唯物主义都是马克思主义哲学的一部分，只是辩证唯物主义的一部分，不能代表马克思主义哲学的本质。"把实践唯物主义基本上看成历史观是符合马克思当时的思想的。"③持此观点学者还有俞吾金④、衣俊卿⑤等。

其次，实践唯物主义与本体论。本体论研究把实践唯物主义推到极致，因为与其他导致并体现了实践唯物主义出现分化的论域相比，本体论研究真正触及实践唯物主义内部。围绕着本体论问题，实践唯物主义分裂为三个大的观点流派：物质本体论、实践超越论和实践本体论。物质本体论认为，不止马克思主义认识论的首要和基本观点是实践，而且整个马克思主义哲学的首要和基本观点都是实践。在这个前提下，他们主张物质本体论而不是实践本体论，因为实践是物质世界长期发展的产物，是与人密不可分的，它是人的物质活动，它只能改变物质的形态，但不能创

① 李德顺：《从一般唯物主义到"实践的唯物主义"》，《哲学动态》1988 年第 12 期；《〈评对实践唯物主义的一种理解〉别议》，《哲学研究》1990 年第 3 期。
② 邓晓芒：《建构马克思的实践唯物主义哲学体系》，《学术月刊》2004 年第 12 期。
③ 黄楠森：《不能把实践唯物主义和辩证唯物主义对立起来》，《天津社会科学》1988 年第 4 期。
④ 关于"实践唯物主义就是历史唯物主义"这种观点，俞吾金与段忠桥有过多次争论，本研究将在关于历史唯物主义的阐述中论及。
⑤ 衣俊卿：《超越"实践唯物主义"的困境》，《哲学动态》1989 年第 10 期。

造或消灭物质。① 持此种观点的代表学者有黄楠森，他认为"实践决不是怎么评价也不会过分的至高无上的偶像，夸大实践的作用，过分抬高实践的地位，使之脱离物质，脱离世界，就会导致实践本体论或实践一元论"②。应该说，物质本体论是对实践本体论的理性思考，体现了传统哲学思考的基础性和系统性。

实践超越论是物质本体论的完全对立和打破。实践超越论认为，哲学本质上是一种思维方式，本体论是一种传统哲学的思维方式，唯物主义和唯心主义的对立是这一思维方式的产物。马克思的哲学革命打碎了传统哲学的本体论框架，实现了向实践思维的过渡。因此，在理解实践唯物主义时，已经不能局限于唯心主义或唯物主义的意味，因为实践唯物主义已经跨越了传统哲学的边界，跨越了唯物主义和唯心主义对立的一般哲学讨论模式。③ 我们不得不说，这是一种更为大胆的哲学思考和哲学探索，对于整个马克思主义理论体系来说都是颠覆性的，完全超越了当时的一般思维范式，即使是在今天看来，也是非常大胆的，仍具有非凡的超前性和进步性。与以上两种观点相比，实践本体论虽然更普遍，却也更绝对、更教条，从而给实践唯物主义甚至当时的马克思主义哲学套上了一个壳。

纵观在实践唯物主义内部分化的过程，一个非常负面的影响在于，否定辩证唯物主义和将其与实践唯物主义对立又一次导致了"马恩对立说"的出现。这种认为实践唯物主义是马克思的，

---

① 肖前：《中国马克思主义哲学教学体系发展和改革》，《云南民族学院学报（哲学社会科学版）》1995 年第 1 期。

② 黄枬森（黄楠森）：《再论本体论——答刘福森同志》，《人文杂志》1990 年第 5 期。

③ 高清海：《再论实践观点的超越性本质》，《哲学动态》1989 年第 1 期。

而辩证唯物主义是恩格斯的对立性观点，造成了马克思主义哲学体系的分裂，妨碍了学术的发展与进步。

二、实践本体论与实践唯物主义的困境

90 年代之后，实践唯物主义的讨论逐渐冷却，这不得不说与实践本体论的"抑制剂"作用有极大关联。刚才谈到实践唯物主义内部的三种观点论争：实践本体论、物质本体论和实践超越论。与其他两种开放式的观点相比，实践本体论的框架显得非常封闭，进步意义和启发意义明显不足。实践本体论认为，必须否定物质本体论，建立实践本体论，唯有如此，实践才能真正从认识论的枷锁中解脱，变成一个广义的本体论范畴，从而具有终极意义。有学者甚至这样说，"作为本体论范畴，实践本身乃是自因自律、自本自根的，即无需借助他物来规定和说明自己，而是在自身内并唯一地通过自身而被确定的东西。整个哲学体系的展开却有赖于实践作为阿基米德点。因此，实践构成哲学体系的逻辑意义上的第一因，在其背后不可能也不应当寻找更根本、更隐蔽的基础"[1]。这种观点，实际上是非常令人惊讶的。因为它在声称要摆脱枷锁的过程中，把自己变成了一副枷锁。这与哲学精神和哲学思维都不相容，是教条的、禁锢的、唯实践而实践的，因而是不科学的。

---

[1] 何中华：《物质本体论的困境和实践本体论的选择》，《南京社会科学》1994 年第 11 期。

　　这种绝对化的哲学理解，可以从葛兰西实践哲学的误区中找到些许理论根源（前文有所论及）。应该说，实践本体论是将"实践一元论"极致化的结果，直接导致马克思的实践观出现倒退。在马克思看来，新唯物主义之所以能够区别于旧唯物主义，不仅要从客体的形式上，而且要从主体的视角去观察、理解和改变现实。[①] 但实践本体论在这个层面没有领会马克思的思想精髓，而是恰恰重复了旧唯物主义的错误（形式上没有，实质上如此），即完全低估了"实践是人的感性的活动"这一命题的意义。

　　此外，实践本体论如果只把现实理解为实践，而不与此同时承认对象，不承认主体和客体存在于人的实践活动之外，不承认人的实践活动不止改变他们也改变自身，不承认人的实践活动不能凭空创造他们，那么即使把主体理解为"在思想指导下的人的实践活动"，也还是不可能跳出唯心主义的窠臼。因为种种理论缺陷，实践本体论受到了其他两种观点的诸多批判。陈先达认为，实践唯物主义并不能把实践作为本体，而是作为中介。自然界虽然通过人的实践而发生变化，但自然界就本性而言是先于人而且不依赖于人而存在。从社会中排除人的实践活动，社会就不复存在。但是，社会领域也不能简单地归结为一项实践，而是有三项，即主体、客体、实践。黄楠森等人进一步指出，实践本体的观点看起来高扬了实践主体的威力，实际上是限制了人和人类社会对世界的认识和改造作用。实践本体论片面夸大了实践的地位和作用，颠倒了物质和实践的关系，人为地把实践从属性、中

―――――――――

[①]　这种观点在《关于费尔巴哈的提纲》第一条中就有所反映。马克思所批评的并不是旧唯物主义直观地理解对象，而是它只是这样理解，没有从主体的角度把实践当作人的感性活动去理解。

介变为实体，从而使实践成了脱离物质并反过来创造自然和人的神化了的东西。①

实践本体论将实践绝对化的理解思路，不仅带有旧唯物主义的性质，甚至带有唯心主义的色彩。因此，实践本体论与马克思哲学精神实质出现了背离，也就不可能再代表未来马克思主义哲学发展的方向。由此导致的实践唯物主义式微也就在所难免了。

三、源流问题与文本依据的缺失

文本依据，实际上也就是实践唯物主义的理论源流问题。通过前文的阐述，我们知道，关于"实践范畴"学界没有达成一致的认识，这在根本上导致了对于实践唯物主义的理论来源也存在分歧。实践唯物主义最早来自马克思的哪本经典？有学者认为是《1844 年经济学哲学手稿》和《关于费尔巴哈的提纲》。在《1844年经济学哲学手稿》中，马克思彻底批判了黑格尔关于劳动概念的分析和论述，由此阐发了实践是社会生活的本质这一观点。同样也是通过批判，马克思在《关于费尔巴哈的提纲》中批判了费尔巴哈哲学，借助实践范畴，马克思最终超越了黑格尔和费尔巴哈，使实践唯物主义得以确立。② 也有学者认为，实践唯物主义虽然最早出现在《德意志意识形态》，但思想本质的确立是在

① 赵玉谨：《关于实践唯物主义的讨论综述》，《党校科研信息》1989 年第 63 期。

② 任俊朗、安起民主编：《中国当代哲学史（1949—1999）》（下卷），北京：社会科学文献出版社，1999 年，第 472-474 页。

《神圣家族》中，并以此来划分唯物主义和唯心主义形态。[①] 还有学者认为，马克思的实践唯物主义思想是由实践的人道主义演变而来，因为二者通过实践来改变世界的哲学主张是一致的。[②] 此外还有一种观点认为，《1844年经济学哲学手稿》是实践唯物主义概念初步形成的理论源头，此后，实践唯物主义概念在《神圣家族》和《关于费尔巴哈的提纲》中得到了进一步阐发，最终在《德意志意识形态》中正式确立。[③] 虽然理论源流之争是非常重要的问题，但需要说明一点，讨论"实践唯物主义"这个词究竟第一次出现是在哪本经典，并不是真正意义上的理论源流考据，因为词语本身不等于思想，但对哲学而言最重要的不是词语而是思想。有一种经典表述值得回味："任何真正的哲学都是自己时代的精神上的精华，因此，必然会出现这样的时代：那时哲学不仅在内部通过自己的内容，而且在外部通过自己的表现，同自己时代的现实世界接触并相互作用。"[④] 可见，思想不仅在于内部表达，更在于外部表现。当然，这些争论都反映出实践唯物主义研究缺乏文本依据的问题。

总的看来，实践唯物主义的勃兴对90年代的中国马克思主义哲学而言，无疑具有历史合理性和理论进步性。但进入21世纪后，鉴于中国特色社会主义建设的实践进程和西方马克思主义哲学的巨大影响，实践唯物主义对现实生活的解释力和对理论问

---

① 陈朗:《实践唯物主义小考》,《哲学动态》1988年第12期。
② 陈先达:《关于实践唯物主义的几点想法》,《哲学动态》1988年第12期。
③ 杨耕:《"实践唯物主义"概念的由来及其与"辩证唯物主义"的关系》,《北京社会科学》1998年第1期。
④ 《马克思恩格斯全集》第1卷,北京:人民出版社,1995年,第220页。

题的回应性都呈现出不足。这或许就是仅仅依靠"实践"所无法到达的边界。

首先，边界之一是人的主体地位何以确立。我们已经知道，实践唯物主义最重要的贡献在于突破了"物质本体论"的局限，同时注重"主体性"研究，强调"见物又见人"。但是，对于社会历史如何发展变迁以及人在其中发挥作用的这个动态过程，实践唯物主义却难以作出解释。原因在于，实践唯物主义所强调的"主体性"，是一种理想化的主体性膨胀后的主客体统一。实践唯物主义认为，"实践哲学的兴起超越了传统哲学的主客体二元对立的哲学理解范式，在人的实践活动的基础上确立了主体与客体相统一的原则"①。这种理解本身就使得实践范畴带有了矛盾意味。在这里，实践已经超越了主体和客体的范畴，成为了一种超越人的自觉自主活动的自在的范畴。但实践唯物主义又主张将实践理解为人的自觉的活动，从而使中介和主客体出现了混淆，因此整个哲学结构就依然没有找到实现现实运作的现实基础。

从人的范畴来看，"人处于两种秩序的主张的交叉点上，其一是人作为自然的一部分，因而受自然规律的支配，其二是人作为社会的一部分"②。如果历史地看待人的问题，那么人的自然性存在无疑是第一位的，是前提。人和自然的关系无法回避，恰恰就是辩证唯物主义的基本问题。但实践唯物主义作为对以辩证唯物主义定义的马克思主义哲学的超越或颠覆，只是理想化地强调主客体统一，因而只能陷入另一种片面——只强调人的社会主体

---

① 衣俊卿:《实践哲学:超越与升华》,《求是学刊》2000 年第 2 期。

② W. 斯托劳姆巴哈:《哲学的固有课题》,《哲学译丛》1982 年第 2 期。

性（同时又是不全面的），而忽略人的自然主体性。另外，实践本身也具有双重意义，既是对外部世界的探索与改变，也是对人本身的改变，从而才能实现主体与客体的统一。这种视角在肯定主体性的同时，却忽略了对客体世界的关注，造成了人对实践主体性和自我主体性的盲目认同，由此会对客体世界造成威胁和攻击，不利于人与自然的统一。这是消极的，却不得不承认也是实践的。实践唯物主义只注意到了主体和客体在实践基础上的统一，却没有注意到这种"消极的统一"，因此对实践的理解仍存在片面性，这种片面性依靠实践唯物主义自身是无法克服的。

其次，边界之二是实践本身究竟如何推动社会历史进步。实践唯物主义过于夸大了实践的所指，因此在理解实践范畴时出现了泛化的问题。在实践唯物主义的视域中，实践是一个自在的存在，从实践出发，传统哲学所无法完成的改造世界的活动就一定能够完成。但是对于如何完成的这个动态过程，实践唯物主义缺乏必要的解释。尤其是发展到后期，对实践的理解开始走向两条极端路线。第一种路线是将实践庸俗化理解，有人把实践看成是技术性的具体活动，有人把实践等同于繁琐的日常生活甚至是人的每一言每一行，这都是对实践范畴非常随意的解读。有人认为只要找到这些实践可以踏实的"微观基础"，就能解释实践是如何改变世界和如何作用于客体的，这是非常不严谨的。这种理解让人想起马克思对费尔巴哈的批判，"对于实践则只是从它的卑污的犹太人的表现形式去理解和确定"①。第二种路线是将实践神化理解，认为实践是无所不包的，从生产到交往到思维，一切活

---

① 《马克思恩格斯选集》第 1 卷，北京：人民出版社，1995 年，第 58 页。

动都是实践的范畴，这无形中又将唯物主义退回到了唯心主义的地步。这种理解或许能够达到主客观的统一，但与实践唯物主义的理论主旨背道而驰，将实践看成了"绝对精神"，这是唯心主义的复辟。

实际上，这两种对实践的极端化理解，都很容易让人联想到黑格尔的实践观。在黑格尔哲学中，实践不再与生产或技术活动对立，而是包括生产和技术活动。黑格尔对过去受到忽视的劳动进行了反思，认为其是更为广泛的实践概念的重要部分。通过劳动概念，人们可以真正把握实践的客观存在形式，而不必再仅凭观念认识设想实践的存在。马克思曾这样评价黑格尔对劳动的理解："黑格尔的《现象学》及其最后成果——辩证法，作为推动原则和创造原则的否定性——的伟大之处首先在于，黑格尔把人的自我产生看做一个过程，把对象化看做非对象化，看做外化和这种外化的扬弃；可见，他抓住了劳动的本质，把对象性的人、现实的因而是真正的人理解为人自己的劳动的结果。"[1] 虽然如此，在黑格尔那里，人的实践依然表现为"意志，实践的精神"，依然是抽象的和精神的，劳动也同样是抽象的和精神的，只是客观精神的外化表现形式。黑格尔说："概念不仅是应当和趋向，而且作为具体的总体，是与直接客观性同一的"，"当有限概念的主观性轻蔑地抛掉手段时，它在它的目的中便不会达到［比手段］更好的东西"[2]。可见，黑格尔虽然把握了劳动的本质，揭示了劳动之于人的存在论意义，但依然改变不了其唯意志论的体系内

---

[1]《马克思恩格斯文集》第1卷，北京：人民出版社，2009年，第205页。

[2] 黑格尔：《逻辑学》(下卷)，杨一之译，北京：商务印书馆，1976年，第445–446页。

核。反观中国实践唯物主义极端化的两种理解，似乎有回到此种唯心主义之嫌。

最后，边界之三是实践究竟是一个本质性范畴还是过渡性范畴。实践唯物主义以实践来定义马克思主义哲学，但至今仍有争论的是，实践本身是一个本质性范畴吗？如果不是，它如何能够定义整个马克思主义哲学体系？有学者认为，如果回到马克思研究的早期，我们会发现，实践本身就是一个过渡性范畴。马克思多次强调实践的重要性，但实践的重要性本身并不是马克思研究的目的，在马克思看来，强调实践重要性的目的是为了强调研究人类历史的重要性。强调实践，是为了将哲学研究从抽象的研究历史，引入到以历史事实来研究人类历史。①

综上所述，实践哲学在进入 21 世纪之后，遭遇了无法到达的理论边界，其理论解释域留下了许多空白和矛盾之处，因而没有形成一个完整的体系。这对中国马克思主义哲学的发展提出了新的问题。如何应对？是否应该像放弃苏联教科书体系那样完全放弃实践唯物主义？答案是否定的。因为，实践范畴在哲学变革中的理论意义无法取代，马克思的哲学研究也正是通过这一范畴才实现了唯物史观的创立。因此，时代的进步和理论的发展，都要求进入 21 世纪的中国马克思主义哲学不能再停留于实践唯物主义和实践范畴。中国学术开始探索在实践范畴的基础上，从历史唯物主义视野出发，历史地、现实地研究人类历史和中国社会的未来发展过程。

---

① 仰海峰：《实践：一个过渡性的逻辑范畴——对实践唯物主义讨论的再思考》，《探索》1995 年第 6 期。

第二节　对历史唯物主义的再认识

一、重新认识历史唯物主义的现实意义

1827 年，法国浪漫主义文学巨匠雨果在代表浪漫主义精髓的重要文论《〈克伦威尔〉序》中说："每个时代有自己的思想，每个时代也都有自己适合这些思想的词汇。"[①] 反观整个 20 世纪 80 年代与 90 年代的中国，"实践"正是这个"相应的词汇"。如前所述，鉴于时代的影响与现实的需求以及学术内省性的自我发展规律，自改革开放以后到 90 年代，中国马克思主义哲学逐渐趋向以"实践"定义自身性质，发生了实践唯物主义转向。但回顾那段时代历程，不能回避的是，在 80 年代末 90 年代初，中国的实践思想和实践过程都遭遇了一场危机。对中国特色社会主义实践过程而言，这场危机来自于思想领域，也止于这一领域，是极端必要的；对中国马克思主义哲学研究而言，这场危机却对未来的学术发展提出了挑战和任务。作为中国学术的主流思想，如何提升学术合法性与理论解释力，成为中国马克思主义哲学在那场危机后亟需思考的重要问题。当然，时代与思想总是发生着互动，那时发生在社会、经济、政治领域的实践同样为解答这个问题提供了必要的参考。

[①]　雨果：《雨果散文》，程曾厚译，北京：人民文学出版社，2008 年，第 48 页。

　　思想危机解除之后的 90 年代初，在世界社会主义运动遭遇重大挫折（苏东剧变）的国际背景下，在社会主义性质与方向绝不改变的前提下，中国特色社会主义实际上面临着回到计划经济时代重走老路，还是继续探索进一步改革开放之路的现实问题。在这重要历史关头，1992 年亲手开拓和发展了中国改革开放事业的邓小平，不顾年迈进行了一次非同寻常的南方视察和讲话，将改革开放事业引入正轨，由此，深化改革成为中国此后 20 多年政治经济生活的核心话题。《南方谈话》（全称为《在武昌、深圳、珠海、上海等地的谈话要点》）深入分析了社会主义运动面临的国际形势以及中国特色社会主义实践所面临的挑战，总结了中国实施改革开放十余年来的一些经验和教训，同时也对思想领域出现的新问题作出了深入阐发。不可否认，《南方谈话》是中国社会主义道路上非常重要的一环，对于巩固中国的社会主义性质和探索中国的改革开放之路，具有重要意义。对于中国马克思主义哲学的研究也起到了巨大的推动作用，使人们的研究视角从集中于实践扩展到了更长时段（历史领域）和更深层面（人的社会生活）的探索。

　　"革命是解放生产力，改革也是解放生产力。"[1] 这句话作为邓小平《南方谈话》精髓的重要体现，对中国改革开放事业的历史意义和现实意义进行了糅合与提升，对改革开放和中国特色社会主义实践进程进行了历史性思考与深化，因而深刻反映着马克思主义历史辩证法思想。历史唯物主义认为，人类社会历史得以进步和发展的动因来自于两对矛盾：生产力与生产关系、经济基

----

[1] 《邓小平文选》第 3 卷，北京：人民出版社，1993 年，第 370 页。

础与上层建筑。其中，前一对矛盾更为基础，决定了后一对矛盾运动。而在前一对矛盾中，生产力又是最为活跃和最为革命的因素。因而，马克思非常重视生产力因素的决定作用。但随着生产力的发展，当生产关系不再与之适应时该如何解决矛盾？马克思认为，在阶级社会中可以通过革命改变生产关系以实现其与生产力的相互适应，"几乎所有文明国家的无产阶级的发展都受到暴力压制，因而是共产主义者的敌人用尽一切力量引起革命。如果被压迫的无产阶级因此最终被推向革命，那时，我们共产主义者将用行动来捍卫无产者的事业，正像现在用语言来捍卫它一样"①。可见，革命是历史前进的火车头，在特定的历史环境下是"绝对真理"。但是，在社会主义社会没有了阶级对立或阶级剥削的情况下，如何推动生产关系的变革、解决生产力与生产关系的矛盾，由于时代限制，在马克思、恩格斯那里我们找不到现成的答案。这也是在中国社会主义建设过程中，曾经出现过仍将阶级斗争作为解决生产力和生产关系矛盾有力武器的失误，反而导致了生产力停滞的一个理论原因。面对历史发展新进程中的新问题，将改革作为解决社会主义基本矛盾的中心环节，通过改革消除生产关系或上层建筑中一些不适于生产力发展的因素，以此来推动社会历史的进步，是一种理论创新更是一种实践创新。邓小平说："改革的性质同过去的革命一样，也是为了扫除发展社会生产力的障碍，使中国摆脱贫穷落后的状态。从这个意义上说，改革也可以叫革命性的变革。"②这一思想是对社会主义理论的丰

① 《马克思恩格斯文集》第1卷，北京：人民出版社，2009年，第685页。
② 《邓小平文选》第3卷，北京：人民出版社，1993年，第135页。

富和发展，其中最重要的发展特征，就是在实践观的基础上加入了历史观的视角，从而使中国实践更具有了长时段的可持续性。正是在这种唯物主义历史观的作用下，中国的社会主义本质得到了更深刻地揭示："社会主义的本质，是解放生产力，发展生产力，消灭剥削，消除两极分化，最终达到共同富裕。"①

在以唯物史观理解改革的视角中，马克思的社会形态理论也有助于理解中国实践对社会主义市场经济的选择。在马克思看来，社会历史发展包括三种形态。第一种社会形态是前资本主义社会的各个阶段，共同特征是人对人直接的依赖关系；第二种社会形态是典型的经济社会形态，具体表现为"以物的依赖性为基础的人的独立性"；还有一种社会形态，那就是"建立在个人全面发展和他们共同的、社会的生产能力成为从属于他们的社会财富这一基础上的自由个性"的社会形态②。在马克思看来，人的发展与社会、生产的发展是内在统一的，所以与三种社会形态相适应的经济形态分别是自然经济、市场（商品）经济和产品经济。三种社会形态是不可超越的，因此这三种经济形态的顺序也是不可被超越的。于是，当我们以社会形态理论来观察中国社会时，就会发现一个悖论：按照历史进程，中国"应该"是由前资本主义进入资本主义。但实际情况是，中国跨越了"卡夫丁峡谷"，至少是缩短了社会形态发展的历程，进入了社会主义社会。就历史进程而言，中国以第三种社会形态（初级形态）包容了第二种和第三种经济形态。也就是说，中国以社会主义社会形态包容了

---

① 《邓小平文选》第3卷，北京：人民出版社，1993年，第373页。

② 《马克思恩格斯全集》第30卷，北京：人民出版社，1995年，第107–108页。

市场经济形态，这是一种全新的实践，但就生产力发展的真实状况来看，却也是兼容的实践。这不是违背社会形态理论的历史规律，也不是马克思主义社会形态理论不准确的证明，反而是实践层面没有陷入经济领域危机、实现巨大发展的状况，证明了马克思主义哲学理论本身的进步性和发展性，也反过来推动了马克思主义哲学理论的进步和发展。在这里，中国实践又一次破除了"本本"的限制，回到了实践本身，同时也回到了历史本身。因此，时代和实践又一次促成了理论的创新。

在实践观与历史观的双重指引下，中国的社会主义建设进入了新阶段，中国的马克思主义哲学研究也进入了新阶段。以邓小平的理论创造和实践探索为基础，中国在改革开放和现代化建设的过程中，保持社会主义本质不变的情况下，不断深化改革，进一步解放思想，逐步形成了"三个代表"重要思想和科学发展观等新的理论成果。同时在社会经济领域也取得了经济进步、综合国力有效提升等新的实践成果，一个完整的中国特色社会主义体系正在形成。在这样的时代背景下，中国马克思主义哲学在迈入21世纪的同时，也在逐步实现对实践唯物主义研究范式的突破，开始了对历史唯物主义研究再认识的过程。

二、一种解读路向：马克思主义哲学就是历史唯物主义

实践唯物主义伴随着实践本体论的提出而衰微，在时代与学术双重逻辑的作用下，中国马克思主义哲学又一次面临发展难题。是寻找新的哲学本质还是在单一的实践轨道上继续前行？是

回到辩证唯物主义还是走向历史唯物主义？抑或在实践的基础上进行一种全新的探索？这一连串疑问背后都牵涉到一个核心：是否抛弃实践唯物主义。一个强烈的呼声认为，马克思主义哲学就是历史唯物主义。是否如此？中国学术的实际进程给出了否定的答案。直到今天，虽然讨论已经冷却，但实践唯物主义仍是无法绕过的话题，马克思主义哲学没有走向单一的历史唯物主义。

我们知道，关于实践这个核心概念和实践唯物主义体系的长期争论，都意味着实践唯物主义研究陷入了困境。正是这种困境导致了体现"实践唯物主义"特征的教科书始终没有问世，作为一种哲学新形态，实践唯物主义的问题也就愈加凸显。问题主要是来自两个层面。其一，实践唯物主义体系建构存在理论源头上的缺陷。一方面，在马克思那里没有完整的关于实践唯物主义体系的论述，甚至没有表现出建构这样一个体系的意愿，马克思只是认可实践作为一个哲学范畴的重要价值，并依此展开对人类社会发展的研究；另一方面，中国学术在20世纪90年代开始受到了西方学术的强烈影响，西方实践哲学的先天缺陷影响了中国实践唯物主义体系的建构。其二，实践唯物主义对核心概念的阐发存在理论错位的现象。一个学术体系的建立必然有一个核心概念或者说是核心的研究对象，实践唯物主义的核心概念是实践，但研究者们总将这一概念看作其理论的属性，而不是核心研究对象。也就是说，实践唯物主义所尝试的以实践定义自身理论、定义马克思主义哲学性质的努力，实际上导致实践在这个体系中的对象性就被削弱了，这就造成了理论错位的产生。因为实践固然既被作为理论属性，又被作为理论对象，但对研究本身而言后者显然更为重要。可是在实际的研究过程中，实践唯物主义并不是这么做的，研究者们显然更关注于"争胜"，于是过于强调实践的理论属性，而将其作为对象的研究非常薄弱，造成了整个哲学研究缺乏深度和延展度，由此造成了理论困境。

当然，这种困境不是质性的，并不意味着实践唯物主义毫无价值。因为，实践唯物主义无论在其发展过程中出现了怎样的分支和歧义，其理论核心与马克思主义哲学的"本真精神"都是相互一致的。毫无疑问，实践是马克思主义哲学最重要的一个范畴。因此，在发展马克思主义哲学的过程中，抛弃实践唯物主义不可取也不可行，因为马克思主义哲学永远无法避开"实践范畴"。

既然不能抛弃，那么完善体系的路径在哪里？针对这个问题，中国马克思主义哲学经历了种种探索。第一种思路，将实践唯物主义与辩证唯物主义相结合以构建完整体系。但是，由于实践唯物主义是对旧哲学体系的更新，因此二者之间许多的对立性冲突成为了彼此融合的难点。此外，不仅实践唯物主义具有自身难以克服的缺陷，而且传统辩证唯物主义也存在难以完善的问题。这些问题的核心集中表现为二元对立或分裂的结构，例如，关于物质决定意识、意识反作用于物质，实践决定认识、认识反作用于实践，社会存在决定社会意识、社会意识反作用于社会存在等关系问题的理解，可以看出都是一概归结为作用与反作用的解答方式，因此，整个理论体系虽然体现了辩证法的性质但非常僵化。况且，哲学体系的建立并非两种概念或范畴的简单组合，二者必须具有内在的互动性和解释性关系。因此，如果简单地认为，"从其辩证唯物主义角度来理解，它（物质与意识、社会存在与社会意识、客体和主体的关系问题）仍是现实和未来社会变革中最能体现人类理性、最能包容社会实践指归的最深沉的基础性问题"[①]，未免过于轻率也过于简单了。首先，辩证唯物主义存在二极性思维的弊端，很难兼容实践唯物主义的主体客体相统一的思想；其次，认为"物质是首要范畴""人、社会和实践都是物质世界发展产物"的辩证唯物主义，无法理解人作为第一性的实践唯物主义的理论旨归；最重要的是，辩证唯物主义强调的依然是认识世界，认为社会发展具有客观的规律，人类社会必须遵循，而实践唯物主义恰恰要打破这种认识，强调社会规律是人的自主实践活动的规律。可见，辩证唯物主义揭示的是一般的抽象的唯物主义基本观点，这不是错误，但不具有实践意义。鉴于这样的对立性冲突，二者始终难以融合，尝试的结果就是导致理论的倒退，因此这种思路无法践行。

第二种思路，在实践本体论的路上继续完善实践唯物主义体系。有学者提出，要摒弃实践唯物主义已经出现的弊端，让实践唯物主义具有反实践的意义。具体做法是这样的："其一，抛弃'独断'和'霸权'性话语，确立'并列'意识以融入到哲学发展形态多样化的趋势之中。……其二，实践唯物主义应整体性地解读马克思恩格斯哲学文本，多在辩证唯物主义实践化方面理解自身。"[②]这种解决问题的思路是非常牵强和生硬的。首先，实践唯物主义面临理论瓶颈的根本原因并不在于这两点，而主要是由对实践范畴的绝对化理解导致的。其次，实践唯物主义虽然承认

---

① 李荣海：《"实践唯物主义"与马克思主义哲学体系的构建》，《求实》2006年第4期。

② 李荣海：《"实践唯物主义"与马克思主义哲学体系的构建》，《求实》2006年第4期。

了人的主体性，但对于社会历史发展缺乏解释力，关于实践与人两个范畴的首要性问题没有解决好。这不是通过抛弃"霸权性话语"融入多元哲学所能够解决的。另外，很难理解"辩证唯物主义实践化"是什么含义，似乎依然是辩证唯物主义与实践唯物主义的嫁接，这种简单的研究方式解决不了实践唯物主义的问题。

在经历了一些探索后，同样是在时代背景的呼应中和学术内省性规律的作用下，实践唯物主义必然地走向了历史唯物主义，他们二者的关系不是颠覆与反叛，而是互动、超越、融合与发展。这种关系让人想起陀思妥耶夫斯基在《卡拉马佐夫兄弟》中形容民族性时的一番话："人类就其总体而言，历来追求成立一定要包罗全世界的组织。世上曾有许多具有伟大历史的伟大民族，但这些民族的发展水平越高，就越不幸，因为他们比其他民族更加强烈地意识到在全世界范围内把人们联合起来的必要性。"[1] 此种追求完整本质与贯通融合的民族性，与马克思主义哲学体系寻求发展的理论品格非常相似。

在与辩证唯物主义相融合和实践唯物主义自我完善的尝试之后，中国马克思哲学体系的建构终于跃出以实践唯物主义为性质的单一框架，也没有走向单一的历史唯物主义，而是进入了实践唯物主义与历史唯物主义的互动讨论。

实际上，整个 90 年代始终存在关于历史唯物主义的讨论，只是没有获得更多的重视和认同。当时历史唯物主义的情形就像马克思在《〈政治经济学批判〉序言》中说的那样："既然我们已

---

[1] 陀思妥耶夫斯基：《卡拉马佐夫兄弟》，荣如德译，上海：上海译文出版社，2004 年，第 304 页。

经达到了我们的主要目的——自己弄清问题，我们就情愿让原稿留给老鼠的牙齿去批判了。"①进入21世纪，随着实践唯物主义走入困境，关于历史唯物主义的讨论越来越热烈，对历史唯物主义的关注和批判也都在增多。但令人遗憾的是，实践唯物主义和历史唯物主义的"互动讨论"依然存在困难。

三、历史唯物主义是实证科学还是哲学

这种困难主要还是在哲学观问题上体现出来，何为哲学的性质以及以何种性质来建立完整的哲学体系依然是争论焦点。马克思主义哲学是历史唯物主义的还是实践唯物主义的，这个问题会被引申为实践唯物主义就是历史唯物主义亦或相反。这个问题的关键还是哲学性质，因此争论颇多。其中一个非常重要的争论就是历史唯物主义究竟是实证科学还是哲学。俞吾金认为实践唯物主义是马克思本人提出的，且实际唯物主义就是历史唯物主义，这样一来就将马克思主义哲学的性质界定在了实践唯物主义上。但段忠桥对这两种说法提出了质疑，认为这种看法首先缺乏马克思的文本依据，其次实践唯物主义就是历史唯物主义并不成立，因为"马克思和恩格斯在谈到他们创立的历史唯物主义时从来不认为它是'哲学'，而认为它是'实证科学'"②。

在围绕实践唯物主义进行争论后，两人又就历史唯物主义展

---

① 《马克思恩格斯文集》第 2 卷，北京：人民出版社，2009 年，第 593 页。

② 段忠桥：《质疑俞吾金教授关于"实践唯物主义"的两个说法》，《马克思主义与现实》2008 年第 6 期。

开论战。俞吾金认为，哲学与实证科学之间存在着根本性的差别。如果说实证科学以存在者作为自己的研究对象，那么哲学则以存在作为自己的研究对象。在这个意义上，哲学是为实证科学的研究澄清思想前提的。段忠桥认为，"马克思恩格斯不但认为现实个人及他们的活动和他们的物质生活条件是可以用纯粹经验的方法来确证的，而且还认为社会结构和政治结构同生产的联系也应当根据经验来揭示"①。俞吾金进一步阐述，"毋庸讳言，马克思创立的历史唯物主义是伟大的哲学理论，而不是实证科学知识，因为历史唯物主义正是以存在尤其是社会存在作为自己的研究对象的。但是，长期以来，理论界存在着一种错误的倾向，即把历史唯物主义曲解为实证科学知识，并强调它在方法论上主要诉诸'经验直观'和'描述'"②。段忠桥则认为，"至于我们现在能否认为历史唯物主义是哲学，这取决于我们对哲学概念本身的界定。俞吾金教授以海德格尔对于哲学研究对象和实证科学研究对象的看法为依据，将历史唯物主义说成是一种形而上学或本体论哲学，这是对历史唯物主义的曲解，这种说法无论从文本依据上讲还是从逻辑上讲，都是不能成立的"③。

通过这样一个围绕延续性论题的争论，我们所要呈现的不是最终的胜负或孰是孰非，而是学术发展的一条实际脉络。这个争论切片为我们展示的是：在学术自身的演进过程中，关于马克思

---

① 段忠桥：《质疑俞吾金教授关于"实践唯物主义"的两个说法》，《马克思主义与现实》2008 年第 6 期。

② 俞吾金：《历史唯物主义是哲学而不是实证科学——兼答段忠桥教授》，《学术月刊》2009 年第 10 期。

③ 段忠桥：《历史唯物主义："哲学"还是"真正的实证科学"——答俞吾金教授》，《学术月刊》2010 年第 2 期。

主义哲学性质的讨论在不知不觉中进入了实践唯物主义与历史唯物主义的互动。这迫使人们在思考"如何建构完整哲学体系"这个问题时，或许考虑是否绕开"何为第一性"的桎梏，采用一种更系统、更兼容的思维和方法去寻找答案。这种思维方式，让人联想起高清海在 20 世纪 90 年代就提出的超越唯物主义和唯心主义之争去建构崭新哲学体系的理论勇气，至今让人感佩。或许我们在讨论哲学体系问题时，还能够借鉴此种"超越"模式来讨论实践唯物主义和历史唯物主义的关系，或许也是可行的，因为实践与历史内部关联性的特征是无法忽视的。这就充分表明，实践与历史是融为一体的系统的范畴，而绝不是相互对立的毫不相关的范畴。一方面，任何实践活动都是在特定历史时期展开的，都受到客观历史条件的制约；另一方面，历史就是实践过程的过程，它凝固了每一个实践的瞬间并呈现为一种已经发生的现实表达。如马克思所言，"历史不过是追求着自己目的的人的活动而已"①。历史的本质绝不能归结为物质，而应归结为实践。以实践的观点来理解历史，历史就是人们能动地自主地进行社会生活的全部过程，正是由于人具有此种能动的实践性，才使得人的全部存在都具有了社会历史性。从这个层面来看，历史唯物主义与实践唯物主义或能合理统一。在这样的范畴体系上去建立体系是否能够完成中国马克思主义哲学体系的建构，还是一个探索中的问题，目前的学术史还无法给出答案或证明。但学术史可以证明的是，历史唯物主义的确已经回归到当代理论研究的中心。

---

① 《马克思恩格斯全集》第 2 卷，北京：人民出版社，1957 年，第 118–119 页。

四、历史唯物主义的生态学前提

西方哲学反思历史唯物主义的一个重要维度就是生态观。这是一个很新的角度，却对中国马克思主义哲学的影响很大，最重要的原因在于其批判指向与建构指向都与马克思的历史唯物主义最为贴切。在詹姆斯·奥康纳看来，"人类活动对自然界的影响事实上取决于社会劳动的组织方式、它的目的或目标，取决于社会产品的分配和使用方式，取决于人类对自然界的态度和知识水准"[①]。可见，英美生态马克思主义对历史唯物主义生态观的构建，是对马克思生产劳动和阶级政治观点的应用。应该说，生态马克思主义通过揭示资本主义生产方式与生态问题之间的尖锐矛盾，彰显这是马克思历史唯物主义解释框架的一种方法论意义。

生态主义是对历史唯物主义提出极大挑战的一个领域，生态主义者认为历史唯物主义的研究视野只集中于人，集中于人类社会，集中于生产力的发展与生产关系的调整，从而忽略了对自然界的关注与关照，由此是造成生态危机和环境危机日益严重的一种理论来源。面对这种质疑，历史唯物主义的研究开始进入自然领域。通过对马克思主义文本以及实践活动的研究，研究者提出历史唯物主义具有的生态学前提，因此并不是生态主义认为的一种"技术决定论"，也不是与生态学截然对立的两种学说，而是有机统一的整体。历史唯物主义在研究人类社会发展规律的过程中，虽然着重于强调科技进步和生产力发展对于人类社会进步的

---

① 詹姆斯·奥康纳：《自然的理由：生态学马克思主义研究》，唐正东、臧佩洪译，南京：南京大学出版社，2003年，第8页。

决定性作用，但并没有完全忽略自然因素。这种理解基于两个认识：第一，社会生产力的进步和发展必然受制于自然环境，也受制于社会环境，二者同样发挥着限制作用，都不可超越；第二，马克思所提出的"人的全面发展"是指超越自然，也包含其与自然相融、和谐共生的发展意味，而不是控制自然和破坏自然，由此在唯物史观视域中，技术本身是具有价值属性的，而不是完全"机械"的，并非与自然和生态对立的。这一向度的研究，对历史唯物主义而言，拓宽了研究的领域，也丰富了研究的角度，同时对于认为"历史唯物主义提倡人类中心主义"等质疑给予了有力的驳斥。在此基础上，将此种质疑"退回"给了资本主义。以生态学为前提的历史唯物主义从价值和政治的双重维度，对制度进行了反思。

五、两种历史唯物主义

在重新认识历史唯物主义的过程中，中国学界出现了两种观点：广义的历史唯物主义和狭义的历史唯物主义。持前一种观点的学者认为，历史唯物主义理应包含对自然界的理解，那是一种历史性的自然观。[1] 而持后一种观点的学者则认为历史唯物主义就是关于人类历史发展规律的认识，甚至有学者认为广义的历史唯物主义最终会走向狭义的历史唯物主义。[2]

---

[1] 俞吾金等学者提出了"广义的历史唯物主义"这一概念，认为广义的历史唯物主义还包括自然观、本体论等。

[2] 张一兵：《马克思历史辩证法的主体向度》，南京：南京大学出版社，2002 年。

实际上，自马克思主义哲学诞生，围绕历史唯物主义的讨论就始终未有停止。L. 阿尔都塞在《保卫马克思》中有过一段回顾：马克思对社会民主党人的批判（《哥达纲领批判》）、列宁和K. 考茨基之间的论争、葛兰西和 N.I. 布哈林之间的论战等，他将这种讨论理解为"一门永无止境的科学"①。当然，阿尔都塞的回顾没有谈到近代发生的与当代历史唯物主义最直接的一次论战：科学马克思主义、分析马克思主义对人道马克思主义的批判，因为他亲身参与了这一场论战。

阿尔都塞反对将马克思主义哲学变成人本学，认为马克思青年时期的思想是不成熟的、存在断裂的，不能代表马克思的观点。阿尔都塞还认为，马克思对人道主义进行批判的时期开始于其思想体系成熟以后，"同一切把历史和政治归结为人的本质的理论彻底决裂"②。他认为马克思的历史唯物主义是完全不同于黑格尔的科学理论，是一种经济决定论基础上的多元决定论，"根据马克思主义的历史经验，一切矛盾在历史实践中都以多元决定的矛盾而出现"③。由此可见，马克思理解的历史唯物主义与人道主义是迥然不同的，其是一种科学，而非意识形态。在阿尔都塞的科学马克思主义影响下，分析的马克思主义应运而生。科恩在《卡尔·马克思的历史理论：一个辩护》中提出，传统历史唯物主义只是一个概念，在这个概念形成的理论体系中，历史决定了人类的生产能力的增长或衰退，当其促进这种能力增长时，社会

---

① 路易·阿尔都塞：《保卫马克思》，顾良译，北京：商务印书馆，2010 年。
② 阿尔都塞：《保卫马克思》，顾良译，北京：商务印书馆，1984 年，第 196 页。
③ 阿尔都塞：《保卫马克思》，顾良译，北京：商务印书馆，1984 年，第 84 页。

形态就进步；当其阻碍这种能力增长时，社会形态就衰落。^① 这是要说明，其所辩护的历史唯物主义不是人道主义的也不是多元决定的，而是马克思本意的历史唯物主义。科恩的历史唯物主义辩护完全采用了分析哲学的方法，以此论证了马克思的历史唯物主义具有科学性。发生在 20 世纪 60 年代至 90 年代的这场关于历史唯物主义的论战，对中国的历史唯物主义复归具有启发式的影响。因为对于当时的历史唯物主义研究而言，如何在对辩证唯物主义、实践唯物主义还有人道主义的争论中继续生存，方法论成为一个重要难题。而这场争论所提供的，正是一种新的方法、一个突破口。当然，除了西方学术影响和方法论创新外，历史唯物主义的回归还有更本质的原因。

第一，历史唯物主义具有理论完整性。回顾马克思的经典文本，我们发现从《博士论文》到在《莱茵报》《德法年鉴》的论文，马克思早期著作大都论及社会、政治、宗教，这些都是社会历史问题。之后，马克思自《1844 年经济学哲学手稿》起对自然科学所有关注，但"市民社会"还是其研究重点。以历史唯物主义为宗旨，马克思完成了《关于费尔巴哈的提纲》，此后的《德意志意识形态》标志了唯物史观的诞生。历史唯物主义在马克思的研究中，天然地具有完整性和原初价值。如果我们进入马克思的原初语境，历史唯物主义当然就是关于人类社会历史最系统的一套理论，这与实践唯物主义不同（实践唯物主义具有更多的引申意味），是一种先天优势，不存在太多争议。当然，马克思、

---

① G.A. 科恩：《卡尔·马克思的历史理论：一个辩护》，段忠桥译，北京：高等教育出版社，2008 年，第 2—3 页。

恩格斯之所以能够系统地创立唯物史观，也与时代要求和现实环境相关，"不取决于主观意愿，而取决于一切历史条件"[①]。19世纪初的德国，首要问题是摆脱封建专制，因此社会政治问题必然凸显。而唯心主义占据主导地位，妨碍了社会历史的进步，必须革除。由此，唯物史观的创立在理论和现实中都具备了丰厚的土壤，这也导致了历史唯物主义是马克思、恩格斯最深入的研究领域，因而具有天然的理论系统性。

第二，历史唯物主义具有实践性。历史唯物主义的创立不是空中楼阁，其具有实践来源也具有实践功能。唯物史观之所以被恩格斯称为马克思的伟大发现之一，不仅是因为伟大的理论创造，更是因为唯物史观具有实践性。我们说历史唯物主义不仅具有历史性，更具有实践性：它不寻求建构超现实的框架，而是把现实世界置于视野中心；抽象的前提不是唯物史观的出发点，只有现实的人和现实的人的实践才是唯物史观的真正唯一出发点；它是人们用以改造世界的思想武器。

第三，历史唯物主义既以"历史"为对象，也以历史为"属性"。仅仅论证历史唯物主义具有实践性还远远不够，其究竟是一种什么历史唯物主义，成为进一步需要追问的问题。答案在于，历史唯物主义不仅以历史为对象，更以历史作为其解释原则。这两个判断并非互相排斥、互不相容。这与实践唯物主义以"实践"为属性，但完全无视其对象性不一样。历史唯物主义所具有的理论系统性和完整性恰恰体现于此——历史唯物主义第一位地将历史作为对象，以揭示人类社会一般发展规律为首要目

[①] 《列宁全集》第17卷，北京：人民出版社，1959年，第59页。

的，其次才是通过历史的属性来定义自身的性质。这是对实践唯物主义理论品格的包容，因为马克思所理解和观察的社会历史是以人的历史实践为前提的，历史就是人的实践活动过程。从这个角度出发去理解历史，历史唯物主义就兼容了历史性与实践性两层意味。

第四章

部门哲学的展开

19 世纪上半期以来，西方哲学的思辨性和形而上学性发展到极致，从而使哲学成为凌驾于科学之上的"科学"（不再是认识论和方法论），这种所谓"科学的科学"终于变成了科学发展的阻力。由此，西方哲学体系被彻底绝对化，人成为体系中的一个环节，人的全部自主性也就消融于封闭的体系之中。黑格尔在《法哲学原理·序言》中说："凡是合乎理性的东西都是现实的；凡是现实的东西都是合乎理性的"①，完全反映了唯心主义极端的封闭性和形而上学性。这种特性并非唯心主义所特有，一切脱离人的现实生活和实践的唯物主义都具有此类特征。西方哲学因绝对的思辨性和形而上学性所造成的困境和危机，成为马克思主义哲学批判和超越的对象与前提，也是实现其革命变更的理论背景。马克思一生的哲学思考都是以人的现实生活和实践为核心，并以此实现了"哲学的使命在于改变世界"这一哲学变革。但有

---

① 黑格尔：《法哲学原理》，范扬、张企泰译，北京：商务印书馆，2017 年，第12 页。

一点特别值得关注，马克思所建立的此种哲学观是否在以后的研究和发展中得以贯彻，这关系到马克思主义哲学的学术性质，也关系到哲学体系化的基础理论研究的建设问题。当我们回顾改革开放以来的中国马克思主义哲学，其研究脉络及争论焦点都始终围绕着马克思主义哲学观没有偏离。无论是实践唯物主义研究的兴起，还是在此基础上历史唯物主义研究的推进，都是马克思主义哲学基础理论研究持续展开的表征，也是马克思主义哲学理论与现实互动的积极成果。随着历史唯物主义研究的深入和中国马克思主义哲学体系的不断完善，直接回应现实问题的部门哲学尤其是政治哲学正在兴起。

第一节　在应对挑战中推进历史唯物主义研究

一、西方马克思主义哲学的视域

学术史上有相当长的一段时间，碍于诸多因素，中国马克思主义哲学与西方学术处于相互隔绝的两个领域。不仅西方哲学与马克思主义哲学研究鲜有交集，甚至作为马克思主义哲学理论源流的德国古典哲学也常常被置于中国马克思主义哲学研究的范畴之外，唯独苏联马克思主义对中国马克思主义哲学产生了重大影响（也存在一些误导）。进入改革开放新时期以后，这种状况有所改变，西方实践哲学的介入对中国实践唯物主义研究的兴起具有启发性意义。进入 21 世纪，随着改革开放的不断深化，当前的中国马克思主义哲学研究已经与西方马克思主义哲学有了诸多交叉与渗透，尤其是研究范式方面的突出借鉴表现为对历史唯物主义的重新认识和理解。西方马克思主义的很多理论流派都对中国的马克思主义哲学研究产生了影响，我们不妨以历史唯物主义研究为尺度，有选择地进行梳理。

J. 哈贝马斯通过交往理论重新解读了历史唯物主义对人类社会历史发生发展规律的分析与阐述，其中"交往"成为哈贝马斯与马克思互通的桥梁。在《交往与社会进化》中，哈贝马斯把"交往"表达为"理解"，把"把达到理解为目的的行为看作是最根本的东西。……冲突、竞争、通常意义上的战略行为——统统是以达到理解为目标的行为的衍生物"①。这与马克思谈到的"交往关系""交往方式""交往形式"②似乎存在某种关联，因此用"交往"可以解释由"生产关系"所建立起来的人类社会，历史唯物主义就有了另一种解读模式，于是人类历史也就有了另一种解读模式。在《重建历史唯物主义》中，哈贝马斯称："人们既不能从所选择的手段的技术方面，也不能从手段选择的战略方面使交往行动合理化，而只能从行为主体对自己行为的责任感和行为规范的辩护能力的道德实践方面使交往行动合理化"③。在这里，哈贝马斯的交往理论发生了对马克思的严重扭转，对社会历史发展的解释不再是从生产力的进步中推导出来，而是从民主化的道

---

① 哈贝马斯：《交往与社会进化》，张博树译，重庆：重庆出版社，1989 年，第 2 页。
② 马克思在《德意志意识形态》中多次使用这些概念。
③ 尤尔根·哈贝马斯：《重建历史唯物主义》，郭官义译，北京：社会科学文献出版社，2000 年，第 31 页。

德进程中推导出来了。因此，哈贝马斯所谓的"重建"就是要重建道德和价值为前提的社会交往，成为另一种社会进化理论。必须承认，哈贝马斯对"交往"概念进行了偷换，他把物质生产实践与使用符号的交往行为等同起来，这是一种主观思想关系的转换，完全消解了马克思实践范畴的客观物质性。可见，哈贝马斯与马克思虽然可以以"交往"作为交集，但二者建立历史唯物主义的基础是完全不同的，而且对于这种基础的实质性理解也存在根本分歧。马克思是以实践范畴为基础建立了唯物史观，从而使这种历史唯物主义更为全面也更为科学。但无论如何，哈贝马斯的"交往理论"作为一种对历史唯物主义的解读或解构，使中国的历史唯物主义研究有了不同的视角。

J. 鲍德里亚在《生产之境》中对历史唯物主义提出了一般性质疑，对历史唯物主义得以建立的政治经济学基础进行了历史性的否定。[①] 他认为，历史唯物主义得以建立的基础——资本主义的根本经济结构已经发生了实质性改变，因此历史唯物主义也随之过时。鲍德里亚说："历史的发展过程在所有早期社会就已经存在（生产方式、矛盾、辩证法），但人们没有生产出这些概念，因此也就无法超越这些社会。"[②] 在此基础上，鲍德里亚认为，历史唯物主义完全秉承了黑格尔的哲学思想，是对社会历史发展规律的一般性表述。但实际情况正好相反，马克思的观点认为黑格尔的绝对观念恰恰是对人类实践发展的一种颠覆。这与资本主义的根本经济现实情况如何发展无关，鲍德里亚缺失了唯物史观的

---

① 鲍德里亚:《生产之境》，仰海峰译，北京：中央编译出版社，2005 年。

② 鲍德里亚:《生产之境》，仰海峰译，北京：中央编译出版社，2005 年，第 97 页。

向度，因而无法理解马克思在认识人类社会一般历史规律中实现的理论自觉。虽然是对马克思历史唯物主义的否定，但鲍德里亚的消费社会理论也曾在中国马克思主义哲学研究中风靡一时。

海德格尔，一位正在对当代中国马克思哲学发生巨大影响的西方哲学家。海德格尔研究的影响力，不仅表现为对马克思的另一种解读，而且表现为对马克思历史唯物主义的种种挑战。海德格尔说："我对马克思的解释并非政治的。这个解释向着存在而思，向着存在送出自己的方式而思。从这个观点和角度来看，我可以说，马克思达到了虚无主义的极至。"① 这对历史唯物主义与虚无主义的关系提出了尖锐挑战。在海德格尔看来，人是具有主体能动性的，并且能够利用这种能动性改造客观世界。海德格尔的这种理解，仿佛与马克思历史唯物主义有内在的一致性。在海德格尔存在论的语境中，"无家可归"成为了一种虚无的状态，这种虚无来自主体的形而上学，而马克思主义就属于这种形而上学，因此马克思主义不仅是虚无主义的，而且推动这种虚无主义达到了极致。海德格尔认为马克思仍停留在黑格尔的形而上学，同时认为马克思所理解的人就是生产——消费的人，这是一种对历史唯物主义根本性的误解。海德格尔没有理解马克思所说的实践变革，因此他从根本上错失了马克思历史唯物主义所打开的哲学视域。当然，海德格尔并不承认这一点，但这并不妨碍海德格尔的学说在中国哲学界引起关注，也不影响我们反过来以马克思的思想方式来研究和反思海德格尔。

---

① F. 费迪耶等辑录：《晚期海德格尔的三天讨论班纪要》，《哲学译丛》2001年第3期。

　　T.W. 阿多诺在为 W. 本雅明编辑的《本雅明文集》导言中说，本雅明的研究"由于时代的历史灾变"而"无法达到任何完整性"，他的"整个哲学也都是碎片状"。[①] 这是对本雅明哲学的经典描述。本雅明正是以这样一种"碎片状"的研究方式对历史唯物主义进行了重新探讨。《论历史概念》以一种散漫的、碎片状的形式思考了人类历史的发展进程，在这样一个片段化的作品中，我们发现他将历史唯物主义与救世主义在历史的辩证意象中进行了融合。实际上，这种理解历史的辩证意象，极易对历史唯物主义造成误解。由此，本雅明不认为历史是时间的延续，而是一种建构，且正是一种辩证意象的建构。他试图用辩证意象来获得一种所谓新的历史概念，与以往的历史概念相抵触。在本雅明看来，这种新的历史概念与历史唯物主义密切相关。他认为，只有"现在——时间的时间"才能被客观认知，才能被把握，因此只有每一个凝固的辩证意象，才能在书写历史中发挥作用。与此同时，本雅明也批判以同质的、空洞的时间观念为基础的进步主义历史观，认为历史不是进化意义上的演进过程。本雅明的批判或许与历史唯物主义摆脱旧唯物主义的精神追求有关，即使本雅明认为自己的辩证意象与历史唯物主义密切相关，但其将人类历史认为是一场灾难，从神学意义上反思历史的历史观，都是与历史唯物主义的精神内核完全背道而驰的。

　　当我们重新审视西方马克思主义作为一种国际学术背景的存在，会发现中国马克思主义哲学对他们的关注与借鉴，也会发现

[①]　郭军、曹雷雨编：《论瓦尔特·本雅明：现代性、寓言和语言的种子》，长春：吉林人民出版社，2003 年，第 115 页。

二者之间始终存在的激烈争论。值得回味的是，借鉴与争论都意味着，当代的中国马克思主义哲学已不再固执地秉持原来那种简单否定的理论态度，而是在自主性和开放性的基础上思考哲学的性质问题与发展问题。此外，值得警醒的是，对在西方马克思主义借鉴过程中的哲学本质上的同流或同质化现象，必须批判与抵制。因为恰如黄楠森所说："马克思主义哲学诞生之后与其余西方哲学分道扬镳。马克思主义哲学虽然是一种西方哲学，但它在诞生和发展过程中开辟了一条与其余的西方哲学迥然不同的道路，可谓泾渭分明，平行发展，呈现出若干本质上的不同之处。"① 这或许就是为什么不可能用生存哲学或人类学来解释马克思的历史唯物主义。

二、各种学术思潮的回应

寻找思想的实践物质基础，是唯物主义哲学的共同特征。然而，在旧唯物主义那里，这一努力是不成功的，原因就在于其经验基础是"抽象的个人"，而没有处于"还原的历史"之中。历史证明，要把复杂的精神现象和思想形式还原为单纯的个体经验是不可能的。因此在马克思看来，从事生产活动的"现实的个人"是唯物史观的前提②。只有在这一前提下，历史才能还原为"生产生活"的历史，个体也才能是现实的历史中的个体，各种

① 黄楠森：《现代西方哲学关系与马克思主义哲学之我见》，《学术月刊》2001年第8期。
② 马克思、恩格斯：《德意志意识形态》，北京：人民出版社，1961年，第13页。

范畴也才能显现为"社会关系的理论表现"。也就是说，历史唯物主义具有一种历史分析的功能，是一套科学严谨的研究方法。历史唯物主义作为具体的历史的分析方法，一个最重要的基本要求是，提出或回答任何问题都必须将其置放在特定的时代背景和历史环境中，从社会的具体矛盾冲突中观照研究对象的冲突。在近年来的历史唯物主义研究进程中，这一世界观和方法论已经充分展示了其理论解释力与战斗力。

（一）以历史价值观反对"普世价值"①

当前学界关于"普世价值"的讨论颇多，其中以宣扬或鼓吹西方自由主义、民主制度等"普世价值"的论调尤为突出。此种论调的流行，主要发端于日裔美国学者福山的"历史终结论"。福山在《历史的终结及最后之人》一书中宣称：西方自由与民主的理念无可匹敌，历史进程已走向完成；世界形势不只冷战已结束，且意识形态也已进化到了终点；西方的自由民主制度是适用于全人类的最佳政治选择，这预示着马克思主义理论与实践的终结。② 这套以西方自由、民主为"样板"的所谓"终结论"思潮，对中国社会主义意识形态建设产生了极大的反向作用。它一经出现就受到那些陶醉于社会主义失败与资本主义胜利想象中的人们

---

① 参见李潇潇、王海锋：《在破解学术难题中增强马克思主义理论的话语权》，见王伟光主编：《马克思主义理论学科前沿研究报告（2010）》，北京：中国社会科学出版社，2012年，第406—430页。

② 福山：《历史的终结及最后之人》，黄胜强、许铭原译，北京：中国社会科学出版社，2003年。

的追捧，他们借机向马克思主义理论、历史唯物主义学说以及社会主义理论提出了质疑和挑战。然而，福山所宣扬的"终结论"是否真的成立？资本主义制度及意识形态是否具有普世性？

事实上，"普世价值"从根本上说是个哲学命题，福山立论的根基也来自于黑格尔哲学的历史终结论题以及科耶夫对黑格尔的解读。因此从哲学的高度、用哲学的方法对其进行分析，便可得出一些与之不同的新见。可以说，自《历史的终结及最后的人》一书出版以来，并未在哲学上进行过认真的清算。

2009 年，张盾发表了《"历史的终结"与历史唯物主义的命运》①，文章从哲学角度和高度出发，对福山的"终结论"进行了深层逻辑的细致的分析，同时通过此种批判为马克思及马克思主义理论正名，进而分析和论证了当前历史唯物主义学说的理论特性，及其历史命运绝非走向"终结"的必然性。在当前各种思潮流派纷呈迭出的现实条件下，此种研究具有很强的现实意义和针对性，对于维护和保持马克思主义学派、历史唯物主义学说在中国意识形态中的主流地位有一定的理论支撑作用。通过对福山"历史终结论"的哲学剖析，以及对黑格尔哲学的原意解读，张盾指出，马克思是以人类命运为终极理论关怀对资本主义历史进行了研究。历史唯物主义因此具有两种理论目的：历史性和科学性。由此可以认为，唯物史观就是科学和思维的统一。《"历史的终结"与历史唯物主义的命运》一文通过对"历史终结论"的驳斥，推翻了由此衍生的"普世价值说"，阐发了作者关于马克思主义理论当代性、历史唯物主义命运的深入思考，给现代西方思

---

① 张盾：《"历史的终结"与历史唯物主义的命运》，《中国社会科学》2009 年第 1 期。

潮的冲击和挑战给予了有力的回应。在此之后，围绕历史价值观问题，许多学者都展开过讨论，比如荣剑的《论历史观与历史价值观——对中国史学理论若干前提性问题的再认识》[①] 等。

不止于抵制"普世价值"的维度，实际上，"历史价值观，是迄今为止理论界尚未予以重视的一项重大理论课题。中国30多年来的可持续发展，不是一个奇迹，而是一个复兴。……这些问题都集中地显示出历史价值观的重要性。如何在建构科学历史观的同时确立公正的历史价值观，这是理解中国社会发展的历史逻辑和现实环境的重要尺度。"[②]

（二）以历史唯物主义分析功能反对"历史虚无主义"[③]

近年来，人文科学领域出现了一种较为值得关注的思潮——历史虚无主义。它以虚无主义态度歪曲历史，把传统文明向现代文明的过渡看成是彻底的断裂，否定历史发展的内在逻辑，轻率地对待历史和文化遗产。这一思潮对历史唯物主义形成了强烈冲击，主张用所谓的"现代史学"替代"革命史学"，甚至指责历史唯物主义研究的历史就是"伪史学"。实际上，如果进入这种史学研究的内部，就不难发现碎片化史学和细节化史学诞生的源

---

① 荣剑：《论历史观与历史价值观——对中国史学理论若干前提性问题的再认识》，《中国社会科学》2010 年第 1 期。

② 李潇潇：《在历史的深处展开未来的想象——"社会形态理论与历史价值观"高级研讨会述评》，《中国社会科学》2011 年第 1 期。

③ 参见李潇潇、王海锋：《在思想史和现实中拓展马克思主义》，见王伟光主编：《马克思主义理论学科前沿研究报告（2011）》，北京：中国社会科学出版社，2013 年，第 423–447 页。

头。因为唯有如此，历史虚无主义才能对历史作出其所需要的别样的解释，进行合目的性的重构。

面对这种情况，确立科学的历史观，改变唯物史观在历史学研究中被边缘化的地位，发挥唯物史观的史学功能，是非常必要和迫切的。在应对此种挑战过程中，有两篇比较重要的文章：陈先达的《历史唯物主义的史学功能——论历史事实·历史现象·历史规律》[①]和张政文的《历史的三种时间量度与三种理解范式》[②]。

陈先达认为，在观察当代现实问题的过程中，必须依然坚持历史唯物主义的方法。因此，其既是对历史过程的实质性认识，也就是历史本体论问题；也包括对历史过程的方法性或判断性认识，也就是历史方法论。历史方法论和历史本体论必须是有机统一的，唯有以此为核心才可能建立科学系统的史学理论。张政文认为，只有分别在自然时间、社会时间和心灵时间三个时间量度中，针对历史事实、历史规律、历史意义三个方面建立对历史理解的三种基本范式，才可能科学、有效、合理、完整地理解历史。这是历史研究的本质，也是构造历史理解范式的原点。

这两项研究都对历史唯物主义的历史功能进行了分析和强化，其意义在于：第一，历史虚无主义在本质上否定唯物史观对历史学的指导作用，否定马克思主义史学对中国历史发展规律性、必然性的论断，通过对历史的曲解，否定中国走社会主义道

[①]　陈先达：《历史唯物主义的史学功能——论历史事实·历史现象·历史规律》，《中国社会科学》2011 年第 2 期。

[②]　张政文：《历史的三种时间量度与三种理解范式》，《中国社会科学》2011 年第 2 期。

路的必然性。两位学者都对其给予了有力批判；第二，犀利地剖析了历史虚无主义只重历史现象，无视历史规律和历史过程的理论缺陷，为确立科学的历史研究视角提供了依据。

（三）以历史唯物主义传统叙述方式应对"后现代"的争论

随着科学技术的快速发展以及现代化的急速推进，"后现代"给历史唯物主义的叙述方式带来了挑战。围绕历史唯物主义是否应该随着时代改变而改变的问题，学界展开了非常激烈的争论。

2004 年，俞吾金发表论文从"传统的历史唯物主义叙述体系的三个理论前设""传统的历史唯物主义叙述体系面临的挑战"以及"确立历史唯物主义的当代叙述方式"三个部分予以论证，核心观点是：马克思创立的历史唯物主义的基本理论必须加以坚持，但历史唯物主义的传统叙述方式必须随时代的变化而加以改变。[①]

到了 2012 年，有学者经过长期研究与反思，对此观点提出质疑。文兴吾撰文对俞吾金论文中批判"科学是一种在历史上起推动作用的、革命的力量"这一基本观点的做法进行了否定。同时认为在"当代中国马克思主义科学技术观"的意义上，俞吾金的学术阐释未能正确地看待西方学术界的研究成果，造成自身的研究存在着严重缺陷。如何深度梳理历史唯物主义的时代发展逻辑，特别是结合中国当前的理论发展的实际内在关系，需要以正

---

① 俞吾金：《从科学技术的双重功能看历史唯物主义叙述方式的改变》，《中国社会科学》2004 年第 1 期。

确的研究方法提供严谨的学理支撑。文兴吾主张要力图全面展现历史唯物主义的理论原质，为正确把握和分析相关理论问题廓清障碍，以寻找到恰当的学理方向。

针对文兴吾从逻辑结构到核心观点的批评，为了深化相关研究思路，实现在深层次上回应文兴吾的商榷文章——《对"传统的历史唯物主义叙述体系"批判的批判》（以下简称"兴文"），俞吾金撰写了反驳文章——《再论历史唯物主义传统叙述方式的改变——兼答文兴吾先生》，认为"兴文"的批评"连标题都是读不通的，而且文中充满了理论错误和逻辑混乱"。在此基础上，俞吾金同样以一一对应的方式，回应了"兴文"的研究与质证。①

俞吾金认为，就当代的理论界研究状况而言，进一步证明了原有的研究主题意义深远，并且其结论也是有效的。在此基础上，俞吾金强调，历史唯物主义的传统叙述体系涉及"意识形态"时从未把科学或科技视为意识形态。

基于上述逻辑关系，俞吾金旨在全面否定"兴文"的全部论证，同时强调——历史唯物主义的基本理论必须被坚持，但其叙述方式却应该随时代的发展而变化。俞吾金与文兴吾一样在力求为正确把握和分析相关理论问题廓清障碍，以寻找到恰当的学理方向，因此他们的学术探讨都是有建设性意义的。

从围绕核心问题的争论过程中，我们不难发现，二者的立论角度和选用的材料，都具有坚持维护马克思主义底线、实现了理论创新、关注中国现实的特征，都有理有据。虽然观点迥异，但是探讨的内容与结合点是明确的，给人以不同视角的启发。实际

---

① 两篇文章均发表于《中国社会科学》2012 年第 10 期。

上，学术争鸣是对重大理论和现实问题研究的重要推动方式之一，积极引导合理的、具有代表性的学术交流，对于建立马克思主义哲学体系，提供思想交锋中的真知灼见，具有重要的意义。

（四）历史唯物主义研究的当代视野

目前学术界关于历史唯物主义的讨论，涉及许多方面的问题。我们可以粗略地把这些争论归纳为几类：一是关涉到历史唯物主义理论本身的问题，主要是对马克思主义经典文本的重新解读，包括确定哪些经典著作构成历史唯物主义的主要文本，如何把握历史唯物主义的本质精神和基本内涵；二是关涉到历史唯物主义的当代研究问题域的问题；三是关涉到马克思主义哲学的性质问题；四是关涉到历史唯物主义的方法论问题，以及它同当代的解释学、历史学等学科的交融等问题。此外，还可以概括出其他一些重要的争论问题。在这几个问题之中，历史唯物主义的当代视野问题尤其具有现实意味，是确定当今时代深化马克思主义社会历史理论研究应当特别注重的着力点。对这一问题的深化包括两层重要内涵：首先还是基础理论的研究；其次才是具体问题的探讨。

在深化改革的时代背景中，在与西方马克思主义的交锋与互动中，回首 30 多年的历程我们发现，当代中国马克思主义哲学的研究主线实际上仍然是改革开放之初即在探索着的哲学性质问题。无论是实践唯物主义还是历史唯物主义，无论是"以马解马"还是"以西解马"，转向也好，争论也好，研究的中心始终没有脱离中国马克思主义哲学的本质究竟如何定义以及要以何种核心和方法来建立完整的中国马克思主义哲学体系。在以历史唯物主义作为研究主流的今天，回答以上问题的路径也在探索中逐渐清晰：通过对基础理论的研究，形成更为完整、更为真实、更为客观的马克思主义理论体系，从学理上回答哲学的性质问题。这是整个哲学的基础。

孙正聿在《马克思主义基础理论研究》中说："向经典马克思主义回归，并不是简单地回到马克思恩格斯本人说过的某些'话语'，而是回到马克思恩格斯自己的理论旨趣和实践道路。"① 这就是指要厘清马克思主义哲学应有的性质。值得欣慰的是，马克思主义哲学多年来的研究旨趣和理论指向正在于此，从反思教科书体系到以实践定义哲学性质的争论再到历史唯物主义复兴，追寻的足迹始终朝向这个目标。虽然目前在基础理论方面依然存在一些问题，比如研究机制的问题、评价体系的问题、思想理论体制的问题等，都造成基础理论研究的成果缺乏基础性、前瞻性和建设性。但中国马克思主义哲学的追求是一贯的、连续的，这一点毋庸置疑。此种追求的正义性与合理性，就如描述社会主义的正义性时，恩格斯所说的："社会主义是绝对真理、理性和正义的表现，只要把它发现出来，它就能用自己的力量征服世界；因为绝对真理是不依赖于时间、空间和人类的历史发展的，所以，它在什么时候和什么地方被发现，那纯粹是偶然的事情"② 。与此相类比，中国马克思主义哲学性质的追问也是必然的。在历史唯物主义研究进程中，哲学性质这个根本问题有望得到解答，

① 孙正聿等：《马克思主义基础理论研究》，北京：北京师范大学出版社，2011 年，第 13 页。

② 《马克思恩格斯全集》第 20 卷，北京：人民出版社，1971 年，第 22 页。

由此，中国马克思主义哲学的完整体系也将最终得以建立。

除了基础理论性问题的研究，近年来关于历史唯物主义现实性问题的研究更为丰富，包括世界历史理论与中国发展问题、生态危机问题、空间化问题等。这里值得提出的是，2011 年由中国社会科学杂志社主办、中国人民大学承办的主题为"历史唯物主义与中国问题"的第十届马克思哲学论坛，对这一领域研究的拓展起到了重要的推动作用。在主要议题的笼罩下，分议题涉及"历史唯物主义视野中的公平问题""公共性、公共精神与公民社会""历史唯物主义的当代阐释""中国道路的普遍性与特殊性"等。此次论坛的讨论把中国历史唯物主义的研究上升到了当代性的总体层面，又下沉到了各个具体的研究问题，使这一领域的研究更加丰满，更加细化。可以说，此次论坛的举行为历史唯物主义现实性问题研究提供了多样态的讨论视角，并把这一问题引向深入。在此之后，一系列以历史唯物主义为研究议题的讨论开始进一步推进。

三、深化改革的新问题

进入 21 世纪的第二个十年，中国马克思主义哲学研究最大的时代背景就是更进一步地深化改革。随着中国特色社会主义道路的不断实践，新世纪的中国从"三个代表"重要思想到"科学发展观"的提出，改革开放的脚步就从未停止。随着改革的不断深入，关于中国改革性质的追问也逐渐浮出水面。在这个问题上，邓小平在改革伊始就设定了基调，"过去行之有效的东西，我们必须坚持，特别是根本制度，社会主义制度，社会主义公有制，那是不能动摇的"①。社会主义永远是中国改革的底色。基于这样的底色与基调，我们看到，中国现代化道路是社会主义现代化道路，这与资本主义现代化道路存在本质区别，其核心在于以人本身的全面发展为发展的目标。中国改革蕴涵着双重超越的意味：改革开放使中国摆脱了苏联社会主义模式的影响，探寻更适合中国国情的现代化道路；同时，这一探索的前提是中国已经摒弃了资本主义现代化的道路选择。因此，在改革进程的洪流中，社会主义主线始终贯穿其中。

2013 年，十八届三中全会通过的《中共中央关于全面深化改革若干重大问题的决定》指出："改革开放的成功实践为全面深化改革提供了重要经验，必须长期坚持。最重要的是，坚持党的领导，贯彻党的基本路线，不走封闭僵化的老路，不走改旗易帜的邪路，坚定走中国特色社会主义道路，始终确保改革正确方向；坚持解放思想、实事求是、与时俱进、求真务实，一切从实际出发，总结国内成功做法，借鉴国外有益经验，勇于推进理论和实践创新；坚持以人为本，尊重人民主体地位，发挥群众首创精神，紧紧依靠人民推动改革，促进人的全面发展"。② 这里反映的两层重要含义为中国马克思主义哲学研究提供了重要的方向。

首先，从发展进程而言，中国的改革正处于深水区和攻坚阶段，由以往浅层次、碎片化和非均衡性向深层次、整体性和全面性转变，这必然是一个伴随着阵痛和机遇的阶段。改革拒绝反复

---

① 《邓小平文选》第 2 卷，北京：人民出版社，1994 年，第 133 页。
② 《中共中央关于全面深化改革若干重大问题的决定》，北京：人民出版社，2013 年，第 6 页。

性、拒绝一叶障目，更拒绝隔靴搔痒和蜻蜓点水，深刻性、复杂性、艰巨性前所未有。新阶段、新问题、新视野要求改革者唯有提升危机意识，扎实推进改革，避免改革反弹和走向误区，才能真正实现国家和民族的伟大复兴。

纵观古今中外之改革，无不是思想先行。中国改革从"摸着石头过河"到当下的"顶层设计"，表明了改革思维由被动性向主动性转变。思维是思想的导向，思维变则思想变。房子需要经常打扫，人们的思想同样也需要经常打扫。改革好比一座房子，必须不断进行打扫，才能处处焕发光泽。辩证法讲究事物发展对立统一，"改"与"革"映射出"破"与"立"的对立统一。"改"要求改革者有勇于担当的精神和自我纠错的思想意识，对实践中出现的问题、失误、错误，甚至一些"罪行"要进行反思和承担。"革"则警醒改革者要对不利于改革的心理素质、思想观念和体制、规则进行变革和剥离。建一座楼需要几年，可拆除一座楼几天就够了。我们不能轻视"破"，但更应该重视"立"。无"立"是不能真正"破"的。改革不同于社会发展，具有某种自发性，而我们的改革具有目的性。这就需要人们既要避免社会惯性思维的驱使，又要积极主动变革各种守旧思维。变还是不变，什么可变，什么不可变，朝着什么方向变，变不足畏。改革就是要变，改革就是要破除教条主义思维，解放思想，与时俱进。思想一旦转变为物质力量，就会成为摧城拔寨、破除守旧、阻碍势力的"伽玛刀"，虽不能包治百病，却能减轻改革的痛苦和阻力。

改革不进则退，没有第三条道路可言。看问题关键是要透过现象抓住本质。回溯历史，中国的改革史就是一部中国特色社会主义的发展史。据此，改革的进退与这条道路息息相关，无法分割。当前思想界有两种情况值得注意。一种是右的倾向，主张重新评价毛泽东，企图在重新评价旗号下发起"非毛化"运动。他们认为社会主义实行专制，中国目前取得的经济成就是实行资本主义的结果。因此，这部分人认为中国没必要遮遮掩掩、打左灯朝右转，不如表里合一、名正言顺地搞资本主义。虽然这部分人数量不多，但影响不小。另一种是"左"的思潮，有些人说中国现在腐败众多、两极分化，贫富悬殊，阶级对立，质疑改革开放的正确性。这些言论或是对中国道路的错误认知，或是对改革成果的漠视和诬蔑。中国道路抑或改革不是托古改制，从不臆想古代所谓的"黄金时代"，而是以眼光注视未来，走中国特色社会主义之路。当然，中国的改革是一条独一无二的艰辛路径，中国特色社会主义更是史无前例。一言以蔽之，改革之路就是中国特色社会主义发展道路，这是方向、原则问题。认清改革的本质，我们才能义无反顾地推进改革，而非徘徊不前甚至清算、复辟。

不改革就是死路一条。不改革就是维持现状，甚至退到改革之前。人们是赞成改革的，但也反对那种借改革之名，行否改革之实的行为。不管是赞成的，还是反对的，他们有一个共同点，那就是看到了中国社会存在的问题。但是他们看待这些问题的角度却不同，前者认为改革中出现的问题恰恰是改革某些领域流于表面，没有进一步深化的结果；后者则认为这是改革带来的问题，应该回到改革之前。视角的不同，决定了他们看待问题的落脚点就迥然相异。除了这两类言论，还有就是希望维持现状，这种人毫无疑问是既得利益的享受者，不愿接受更多的人来分享他们的既得利益，这些人是摸着石头上了瘾，不愿上岸。逢改必反，来者皆拒，这是懒人思想，更是既得利益作怪。事实上，这些利益本是更广泛的人群应予享受的。每当改革进一步深化时，就会出现利益调整问题，所以这些既得利益者是维持现状的天然拥护者。不可否认，改革中出现诸如上学难、看病难、就业难此类的问题，但这些问题既不是改革本身带来的问题，更不是说中国的改革是全盘西化，恰恰是改革把一些隐藏于社会的诸多问题显现在人们眼前和改革不够细化甚至没有深化的原因。正如苏联垮台不能把责任附加于马克思主义身上一样，改革中出现的问题也绝非改革所引发。当然，实践中必须重视这些问题的存在，做好"顶层设计"，细化具体操作技术层面，切实深化改革。改革的目的是为绝大部分人的利益着想，如果放任问题发展，必然会危害到改革，最终损害人民的利益。

其次，要以唯物史观的视角来观察并推进改革，重视人民群众在改革实践中的历史作用。2013 年 12 月，中共中央政治局"就历史唯物主义基本原理和方法论"进行第十一次集体学习，习近平总书记在主持学习时强调，推动全党学习历史唯物主义基本原理和方法论，更好认识国情，更好认识党和国家事业发展大势，更好认识历史发展规律，更加能动地推进各项工作。习近平总书记指出："要学习和掌握社会基本矛盾分析法，深入理解全面深化改革的重要性和紧迫性。只有把生产力和生产关系的矛盾运动同经济基础和上层建筑的矛盾运动结合起来观察，把社会基本矛盾作为一个整体来观察，才能全面把握整个社会的基本面貌和发展方向。坚持和发展中国特色社会主义，必须不断适应社会生产力发展调整生产关系，不断适应经济基础发展完善上层建筑。我们提出进行全面深化改革，就是要适应我国社会基本矛盾运动的变化来推进社会发展。社会基本矛盾总是不断发展的，所以调整生产关系、完善上层建筑需要相应地不断进行下去。改革开放只有进行时、没有完成时，这是历史唯物主义态度。"①

可见，反思改革不是反对改革，改革只有进行时没有完成时，改革是一部永远不会终结的历史。不坚定地推进改革的后果显而易见，苏东剧变的前车之鉴足以警示后人。无正确方向地推进改革，也必然会把改革带进死胡同。革故鼎新必是天翻地覆。但我们不能想当然地认为改革可以解决所有问题、一切积弊，把中国所有问题的解决都系于改革一身。更为现实和迫切的是，中国不改革就没有出路。是坚持意识形态的抱残守缺，还是进行思想解放的推陈出新，改革开放 30 多年业已证明了改革的正确性和必要性。这样的时代背景，也向马克思主义哲学提出了文化、经济以及政治领域的新问题，与此相关的部门哲学随之兴起。

第二节　文化哲学

一、文化哲学的演化路径

就时间进程而言，当代中国马克思主义哲学研究领域中，最先兴起的部门哲学当属文化哲学。这或许是中国在取得经济和政治高速发展的同时，文化领域呈现了阶段性的不适应而最先开始

---

① 新华网:《习近平：推动全党学习和掌握历史唯物主义》，2013 年 12 月 4 日。
　http://www.xinhuanet.com/politics/2013-12/04/c_118421164.htm.

提出问题的一种表现。当在哲学层面研究文化时，人们往往将文化与人的存在的终极意义联系起来进行讨论，以此来给文化一种哲学定义和哲学特征。因此，文化也就具有了属人或人化的本质特征。

如果将文化哲学看成为一种独立的哲学形态，文化哲学的发端和传统甚至可以回溯到古希腊。在文德尔班的《哲学史教程》中，哲学可以分为两种研究范式：一种是人的外部世界的反思；一种是关于人本身的内部世界的反思。[①] 第一种研究范式，着重于探讨自然、自然世界、自然科学等，这些都是外部世界，也就是说外部世界为人本身所认识，是一种理论性思维，追求一种普遍的知识，其理论指向是非常严密的逻辑、知识和真理，其表现则是认识论的，是人认识客观世界而形成的科学的理性的思维。第二种研究范式，着重于探讨人的伦理和道德规范以及人的实践思维，研究领域主要是人与客体世界的关系问题，更关注道德领域和世界本身，这就是最早的文化哲学，表现为伦理学、人学等。如果我们从这个角度来理解文化哲学的演进的话，那么当代文化哲学的兴起，则成为了古希腊哲学对现代社会问题的回答和回应，文化哲学就成了现代哲学向古希腊哲学的一种复归。

这样的理解显然是片面的。因为当代中国文化哲学的异军突起，不是在马克思主义哲学之外的一种全新的现代哲学建构，而是马克思主义哲学体系内的部门哲学对现实问题的应答。当我们观察一些重要的研究机构（如复旦大学、黑龙江大学等），或者是一些重要的研究者（如衣俊卿等）的研究理路，就会发现以古

---

① 参见文德尔班：《哲学史教程》，罗达仁译，北京：商务印书馆，2009 年。

希腊哲学的思辨哲学来理解文化哲学是没有出路的。衣俊卿在《回顾生活世界与建构文化哲学》中这样说:"世纪之交的中国哲学理性正在有意识地调整自己的研究范式,正在重新为自己定位,其共同特征是哲学理性定位的下移:世俗化和向生活世界的回归。"[1]正如其所言,学术史表明当代中国文化哲学的研究的确是在人们的生活世界的基础上进行与展开的。这种哲学定位既能够满足回答实践问题的需要,又能够在性质上与马克思主义哲学的实践和历史本质保持一致,因此文化哲学成为颇具新意的一种哲学理解范式。

但是,文化哲学的这种哲学定位在为其赢得一席之地的同时,也带来了诸多发展困境。比如在学理问题上,文化哲学的理论来源和理解都成为了一个问题,在现有的中国哲学话语体系中没有先例,西方哲学的研究又不足以导出文化哲学的本质。因此该如何理解文化哲学,它既不是实践哲学也不是历史哲学。在这里,衣俊卿提出的"生活世界"成为了理解这个哲学形式的根基,显然有所不足。因为在解释现实问题的过程中,文化哲学虽然提倡要来自"生活世界",但又难以脱离思辨性的羁绊。因此其所能反思的都是文化反思,成为一种文化考古,与人的关联性日益微弱。鉴于这些问题,文化哲学的发展并没有显现出更学理、更深入的趋势。

---

[1]　衣俊卿:《回归生活世界与构建文化哲学——论世纪之交哲学理性的位移和发展趋向》,《求是学刊》2000 年第 1 期。

二、文化哲学的基本问题

文化哲学研究的基本问题主要集中在三个方面。第一，文化哲学体系的建构（核心概念"生活世界"的解释问题）。实际上，这个问题的提出为时尚早，但确实已经展开。文化哲学始终在寻找文化与哲学的内在关联，希望由此建立自己的哲学体系。其研究者认为，只要立足于"生活世界"，就能够以此概念繁衍出一套系统，这里的首要问题就集中在了"生活世界"这个核心概念上。在文化哲学的研究者看来，"生活世界"是非常不同于其他概念的，因为意识形态不在其中，精神形态也不在其中，外在的自然形态也不在其中，这个"生活世界"非常具体、非常现实，但又绝不同于实践。与此相关联，一度关于日常生活的研究非常热门。但在问题的研究上，文化哲学始终没有取得较好的突破，因为抽离了所有范畴的"生活世界"已经难以解释，如果这样的一个概念仅仅意味着每时每刻的人的活动，那它几乎就什么都是，也什么都不是。因此，在整个研究开展的过程中，这始终是一个基本问题。第二，文化哲学与马克思主义哲学的关系问题。在文化哲学的研究者中，始终存在观点分化。有人认为文化哲学是独立于马克思主义哲学之外的，是一种全新的哲学；有人认为文化哲学是在马克思主义哲学的方法论指导下形成的，与马克思主义哲学是内在统一的；也有人认为文化哲学是对马克思主义哲学的另一种理解。这些问题始终没有解决，目前也仍在讨论当中。第三，建构现代文化精神。文化哲学的研究者始终力图用哲学精神来贯通现代文化，由此形成一种包容性的现代化的文化精神。在此基础上，文化就能够统合古今中外，成为学术的先导。目前，这种哲学追求仍在形塑当中。

第三节　经济哲学

一、经济哲学的演化路径

比文化哲学兴起的时间略晚一些，随着一系列金融风暴和金融危机在全球范围的蔓延，经济哲学在 2008 年左右被推到了风口浪尖。实际上，关于经济哲学的研究早已展开，只是没有这么火热。早在 1999 年，《中国社会科学》就推出了有关经济哲学的一组笔谈，以回应中国社会主义市场经济发展所提出的问题，其中重点讨论了"经济哲学的理论源流问题""哲学与经济学的关系问题"等。[①] 此后，关于经济哲学的讨论铺开。其中有代表性的研究机构是中国社会科学院、上海财经大学、复旦大学等；有代表性的学者则包括张雄、程恩富、余源培等，一些重要的研究成果也具有了与西方主流经济学分庭抗礼的学术实力。

毋庸置疑，马克思所创立的政治经济学本身为经济哲学提供了良好的研究基础和理论基础。应该说，经济哲学的兴起为马克思主义哲学打开了本身具有却长期封闭的领域。实际上，马克思本人非常重视对经济领域的认识，也是通过这一领域发现了资本主义社会的矛盾及整个人类社会的规律。因此，经济哲学不能被

---

① 参见余源培、赵修义、俞吾金、张军、程恩富、张雄、石磊：《关于经济哲学的笔谈》，《中国社会科学》1999 年第 2 期。

定义为经济学与哲学的简单嫁接，而是哲学范畴内的经济问题研究。在方法论层面来看，经济哲学打破了主流经济学技术型和数量型的控制；在研究内容层面来看，拓展了新的领域和新的问题；在研究范式层面来看，马克思主义哲学的实质和精神得到了弘扬。在经济哲学兴起以后，还有学者以经济哲学未能进入主流经济学的研究视野而质疑其研究价值，但这恰恰是其价值所在。

二、经济哲学的基本问题

经济哲学研究的基本问题主要集中在两个方面：经济哲学的性质问题和经济哲学的范畴问题。在第一个问题上，与文化哲学一样，经济哲学也急于建立自己的体系，但主要还是在马克思主义政治经济学的范围内进行一些尝试。这个问题与经济哲学的被接纳程度也直接相关。不言而喻，西方主流经济学对以政治经济学为基础的经济哲学始终存在排斥，因为其不可能对非数理性研究产生科学认同。因此，如何在自我性质不变的基础上，具备理论说服力和实证科学性，成为经济哲学始终探索的中心问题。在第二个问题上，涉及一些范畴的关系问题。例如基本的经济范畴，包括人、经济人、产权、自然法或货币等；再例如相互矛盾的经济范畴，包括公平与效率、虚拟经济与实体经济等。

在对基本问题的研究过程中，经济哲学的研究触角不断涉及各个哲学、经济学层面，由此不断积累着形成自身体系的哲学基础。

不可否认，这一系列研究中如果缺失了哲学的批判视野，尤其是唯物史观这一重要的分析框架，那么经济哲学就很难深入资本主义制度的深层机制和固有矛盾中揭示问题的本质。其中包括从"人类财富观"这一哲学视角，去探讨财富范畴的寓意及其本质、财富分配的公平与公正、虚拟经济与虚拟财富等问题，以更好地为应对金融危机提供财富哲学的解读。

在多角度、多维度的国际金融危机讨论中，上海财经大学教授张雄从危机与财富的社会形式的勾连、财富扩张的哲学教条与政治谱系的历史同构以及财富幻象中金融危机的精神现象学解读三个方面，对国际金融危机进行财富哲学反思，从而证明了马克思经济哲学思想的当代意义，同时也为揭示金融危机背后的深层历史进化论问题提供了重要思路。[①] 他认为，由美国次贷危机引发的国际金融危机，使当代世界由于金融活动所广泛伸展的"证券化"过程而被悬置了存在的意义。"危机不仅改变了华尔街的模样，更是让美国乃至全球深刻体验了从 20 世纪 30 年代大萧条以来空前严重的财富缩水效应。探究这场金融危机的深层本质，与其说它是一组概念，不如说是一种需要澄明的历史状况和当代人生存境遇的精神现象学读写。"

度量财富的公平与正义，只有在"每个人的全面发展"的社会制度条件下才有可能。今天，财富的不同存在形式正设计着我们走向未来的生活方式，新的财富体系要求我们拥有更为崭新的、科学的、合乎人性的财富理念，在整个全球化经济进程中，运用工具化、智能化的手段，去体验并且创造获取财富的源泉，这显然已经是经济学领域外的问题了。今天，财富概念的外

---

① 张雄:《财富幻象：金融危机的精神现象学解读》,《中国社会科学》2010 年第 5 期。

延有了拓展，1995 年世界银行提出了新的财富概念，远远超越了传统范式所赋予的内涵。"扩展的财富"由生产资产、自然资产、人力资源和社会资本四组要素的总和构成。财富概念的如此变化，必然带来财富的时间空间量度发生变化。新财富指标的意义也应当朝着财富的可持续性发展而转变。对西方资本制度的过于迷信，误认为：资本＋工具理性＋因特网＝完美的、理想的、永恒的经济制度和政治制度，市场的秩序被资本加以理性化、制度化，资本把世界座架了，一切都那么合理、合法、圆满。然而，这次国际金融危机爆发却带来了又一种维多利亚时代的感觉破灭。此次华尔街危机是否会喊出"上帝死了"的口号，这个上帝正是美国的资本制度在全球的称霸地位。从现代性的观点看，华尔街的德性显现，是一种即将得到修复的理性的瞬间堕落呢，还是深埋在现代性把神性化的人转向俗性化的人的人性缺陷、制度缺陷引发的结果。历史与现实已做出回答：资本主义社会生活完全服从于异化劳动和资本扩张过程的绝对命令。

在近期的研究中，还有学者创新性地研究了作为质料因的财富与作为形式因的财富之间的关系，作为其对金融危机的独特解读视角。所谓"质料因的财富"主要是财富赖以生存的物质实体构成，是经济学家所说的有形财产的规定性，在金融领域这种有形财产通常被指认为金银。所谓"形式因的财富"，主要是指被当作财富化身的客体的特殊变体，在资本主义体系中作为财富的社会形式的信用乃是财富的特殊变体，它极易表现为单纯想象的东西。这种关联在实际上表现为对信用的持有和放大，也就是信用的膨胀意味着财富的社会形式作为一种物品而存在于财富之外，形式的运动大大突破了内容的限制，形式对质料的无度超越，除了赋予质料相对的价值外，形式的主观性大大突破了材料的内涵和外延。正是作为质料因的财富与作为形式因的财富之间的严重背离，华尔街金融危机的爆发也就真相大白。

我们不得不说，金融危机的爆发证明，当中国主动融入世界的时候，资本主义世界已经开始走向没落。当西方人仅仅在为他们的金融危机而烦恼的时候，人类是没有希望的。只有当西方不仅面临金融危机，而且面临由于发展中国家的加入而日益凸显的生态危机时，人类才会把希望的目光投向中国。为了承担起自己的世界历史使命，中国还有许多准备工作要做，但最为迫切的是建立正确的财富观。它是人类新的价值观、人生观和世界观的基础，这就需要我们对财富的本质进行理性探索。

第四节　政治哲学 [①]

在基础理论研究经历长期积淀的背景下，在历史唯物主义方法论的推动下，在哲学体系逐步形成的过程中，当前中国马克思主义哲学的显性图景表现为部门哲学蓬勃兴起，除了文化哲学与经济哲学之外，最为突出的是以公平正义这一现实问题为核心论域的政治哲学。

[①]　参见王海锋、李潇潇：《开掘马克思思想资源中的社会正义理论》，《中国社会科学报》2013 年 7 月 31 日。

一、政治哲学的演化路径

与文化哲学和经济哲学不同，由于研究主题涉及民主、自由等问题，中国政治哲学与西方学术具有了一定的融通性，而不再是相互壁垒或相互独立的关系。虽然是一个非常新兴的部门哲学领域，但在过去的几年之内政治哲学领域就呈现出大量成熟的学者，如段忠桥、姚大志、王新生等。

政治哲学之所以繁荣，也得益于其学科规范性比文化哲学和经济哲学要好。这里不得不承认，西方学术所提供的借鉴意义。西方学者通过一系列的探索和反思，在民主运动的多次浪潮中，完成了对政治哲学的规范性研究，一个集大成者就是美国政治哲学家 J. 罗尔斯。在基本正义原则的前提下，罗尔斯提出了两个正义原则并进行了优先性排序，由此构建了完整的正义理论体系。这个体系的建立和提出，就学科意义而言，使政治哲学具有了相当程度的规范性，从而走出了功利主义、实证主义的低谷。政治哲学在具有了规范性的基础上，开始迅速在中国兴起，这与近年来中国的政治体制改革的现实需要密切相关。在改革开放进入深水区并持续推进的背景下，政治体制改革如何进行，就需要哲学给予合理的答案和方向，政治哲学恰恰契合了此种时代需求。因此，相关的研究成果不断涌现，如《关于分配正义的三个问题——与姚大志教授商榷》[1]《再论分配正义——答段忠桥教授》[2]

---

[1] 段忠桥：《关于分配正义的三个问题——与姚大志教授商榷》，《中国人民大学学报》2012 年第 1 期。

[2] 姚大志：《再论分配正义——答段忠桥教授》，《哲学研究》2012 年第 5 期。

《两种马克思政治哲学概念》①《总体性视阈中的马克思主义政治哲学》②《能切中现实生活的政治哲学何以可能——一项基于"行动者"与"旁观者"对比视角的考察》③《当代中国马克思主义正义理论的建构》④ 等。

政治哲学如果不以政治的规范和价值的观念为中心关注点，就会丧失存在的基础。因此可以说，当代政治哲学的复兴，就是以这些观念性的东西重新得到人们的重视和关注为契机的。罗尔斯认为，政治哲学就是为一套适当的制度寻求一个共同的基础以保卫民主的自由权和平等，而这样一种基础首先是观念性的东西。在这一点上，美国哲学家 R. 诺齐克的态度与罗尔斯是一致的，他说，"道德哲学为政治提供基础和界限。人们相互之间可以做什么、不可以做什么的约束，也限制着人们通过一种国家机器可以做的事情，或者为建立这样一种机器可以做的事情"⑤。

可以看出，在现代哲学中，道德哲学和政治哲学是两个紧密相关的部分。这种相关性根源于：在对现代性的反思和批判性理解中，政治问题和道德问题有一种本质联系。但现代哲学的"道德政治"讨论往往止步于诺齐克和罗尔斯等人，因为这种思想史

① 张文喜：《两种马克思政治哲学概念》，《江苏大学学报（社会科学版）》2013 年第 6 期。
② 李佃来：《总体性视域中的马克思主义政治哲学》，《武汉大学学报（人文科学版）》2012 年第 6 期。
③ 王南湜：《能切中现实生活的政治哲学何以可能——一项基于"行动者"与"旁观者"对比视角的考察》，《学习与探索》2012 年第 3 期。
④ 王新生：《当代中国马克思主义正义理论的建构》，《中国人民大学学报》2012 年第 1 期。
⑤ 罗伯特·诺齐克：《无政府、国家与乌托邦》，何怀宏等译，北京：中国社会科学出版社，1991 年，第 13 页。

的谱系是不完整的，且带有一定的倾向性，从而使得现代性"沦为"西方的现代性。一种更全面的梳理应该开始于卢梭，他首倡建立"道德政治"，其后由康德、黑格尔和马克思进一步研究与超越，从而使"道德政治"成为现代性批判的核心问题。因此，在政治哲学研究路径的开端问题上，从思想史层面对政治哲学的"道德政治"问题述清源流就尤为必要。

有学者认为，现代哲学的最高问题是自由问题。康德给人类自由以最高的表达，将自由从一个政治问题提升为一个形而上学问题，但是其重大缺点在于他的自由概念是纯形式化的。这引起了黑格尔的重新解读，指出康德伦理学的缺点是固执于单纯的道德观点，结果是，不受制约的自我立法贬低为空虚的形式主义，道德规律贬低为关于"应当"的空洞修辞。正是康德"应当"概念的软弱性促使黑格尔去研究古典政治经济学，以便确切了解作为伦理之现实性环节的现代市民社会。同时，黑格尔洞见了康德伦理学的最初动机是为了回应卢梭提出的人类自由问题，康德的道德问题直接来自卢梭的政治问题。这就揭开了康德伦理学在思想起源上并不是一个先验问题，而是一个政治问题，它与政治哲学保持着最本质的内在联系的深刻背景。①

在对以往哲学的超越过程中，马克思充分揭示了现代政治深层的辩证法：只有无财产的人才能理解另一种完全不同的财产概念，占有的普遍性只有遭受普遍苦难的阶级才能实现。这也从另一个角度说明了为什么作为自由前提的财产权会因为其不义性而

---

① 张盾：《"道德政治"谱系中的卢梭、康德、马克思》，《中国社会科学》2011 年第 3 期。

成为现代人自由的（至今无法解决的）最大难题。同时也印证了，马克思反对剥削，主张"联合起来的个人对全部生产力的占有"，这才是对"道德政治"最高、最彻底的要求：它继承了卢梭，而把政治上的"普遍意志"变成经济上的普遍意志；也继承了康德，而把"绝对善良意志"变成一种绝对的善良制度。

现代政治和现代政治哲学的这一问题结构并未改变，财产权仍然是它最核心的问题，财富分配严重不公和贫富差距急剧扩大仍然是困扰今天人类的最大难题。在这种情况下，要求把马克思哲学研究的聚焦点从先验哲学转向政治哲学，并将其置于现代政治哲学的整个学术谱系中去理解，不仅具有理论意义，而且具有现实意义。

在思想史的层面来讨论马克思，其重要理论价值在于，通过对人类"道德政治"理论体系的梳理，突出了马克思政治哲学理论的创新性，论证有力地证明了马克思的唯物史观和道德与政治理论互动中展示的伟大变革，对当前马克思政治哲学理论的基础研究具有指导意义。

二、政治哲学的基本问题

政治哲学研究的基本问题和焦点问题都集中在公平正义。围绕这个问题的讨论主要体现在两个层面：马克思思想资源中的公平正义问题；给现实问题一个马克思主义哲学的合理解答。

第一个问题的讨论实际上涉及政治哲学是否就是马克思主义哲学的转向。此种讨论很容易陷入抽象的正义观，就像黑格尔所言，"许多日常的谚语都认识到了它，比如'*summum jus summa injuria*'（作者注：拉丁语），其含义是，如果抽象的正义走向极端，就会转变为不正义"①。在寻找马克思文本依据的过程中，关于正义的讨论要避免走向抽象的纯粹思辨式的讨论。但非常值得欣慰的是，中国政治哲学的讨论同时兼顾了第二个问题域。这凸显了政治哲学作为哲学对于政治生活和政治问题的反思，在社会政治领域发生重要改革或深化时期所起到的关键性作用，使得中国的政治哲学在未来有望成为一套建设性的马克思主义部门哲学系统。

实际上，围绕着马克思主义有没有自己的公正观问题，中国理论界关于社会公正或正义问题的讨论，从 20 世纪 90 年代开始延续至今，且具有一种范围越来越扩大、讨论越来越深入、争论也越来越激烈的趋势。可见，公平正义问题成为近年来多学科共同关注和讨论的一个重大问题。一方面，需要着意挖掘马克思等经典作家的文本资源，梳理经典作家的有关思想，厘清马克思主义与其他学派在这个问题上的区别；另一方面，要立足马克思主义哲学的立场和方法，结合哲学史的资源和其他学科讨论的情况，试图给出马克思主义的回答。

有学者主张，公平正义是一种抽象的道德观念和价值观念，不同时代不同阶级的看法不仅不同而且截然相反。马克思对当时奢谈这些观念的学者予以了辛辣的讽刺，称之为"陈腐观念""陈词滥调"，对科学地认识现实没有任何作用。因此，马克思主义作为科学，不需要也反对从公平正义角度谈论问题。另一些学者

---

① 转引自斯蒂芬·霍尔盖特：《黑格尔导论——自由、真理与历史》，丁三东译，北京：商务印书馆，2013 年，第 58 页。

则反对这种看法，认为马克思虽然对当时那些奢谈公平正义的学者多有讥讽，但这是受当时的具体语境规定的特殊现象，不能作为马克思一般地反对讨论公正问题的根据，实际上马克思对资本主义的批判，在相当程度上就是对它的历史非正义性或不公正性的批判，其所创立的科学社会主义，就是建立在扬弃资本主义不公正的基础上的。公平正义与社会主义内在联系在一起，是社会主义的核心价值，即使马克思那里没有完整的公正理论，也应该根据其思想和方法，创立社会主义的公正理论和马克思主义的公正观。①

实际上，在对马克思社会正义思想的阐释中，存在多元视角的阐释恰恰说明其思想内涵的丰富，从不同维度出发所形成的对马克思社会正义思想的理解，以一种"一体多面"的形式体现了马克思社会正义思想内涵的博大精深。在对经典文本和思想家理论的解读中，我们通常发现，不同的研究者基于不同的视角，从不同的时代背景和理论语境出发会得出迥异的结论。这可以称之为思想的多维度解读。在这样的解读中，也许会出现不同的声音，抑或是相左的观点，甚至是极其尖锐思想的交锋，但恰恰是这些使得我们能够全方位、多角度地透彻理解问题本身。

例如，段忠桥基于对马克思《哥达纲领批判》的分析认为，马克思正义概念的内涵就是"给予每个人以其应得"，由"应得"可以推出，正义在马克思思想中是一个价值判断，而不是事实判断。具体言之，马克思正义观的主要内容是分配正义，而且主要是劳动产品的分配。马克思的正义思想充分体现在其对资本主义

---

① 参见李潇潇、王海锋：《在破解学术难题中增强马克思主义理论的话语权》，见王伟光主编：《马克思主义理论学科前沿研究报告（2010）》，北京：中国社会科学出版社，2012 年，第 406—430 页。

剥削和对社会主义按劳分配的一些相关论述中。① 与明确界定马克思正义内涵的理解不同，徐俊忠认为，马克思的社会正义观基本上不属于肯定性或倡导性的，而是批判性或否定性的。这主要体现为，马克思的社会正义观从来都没有站在维护既定的社会公正观的立场上，而是旗帜鲜明地反对一切以公平正义名义去损害广大劳动者利益的所谓社会公正观；马克思从来不把关于美好社会的理论停留在那些模棱两可的美好字样上；马克思依据历史唯物主义的理论原则，提出了一系列破解诸如"社会公正"这类道德与法权观念之谜的重要理论；尽管马克思并不否认"社会公正"观念具有一定的积极意义，但他一直拒绝把"社会公正"作为其理想社会目标的重要选项。因而，在马克思的思想资源中，我们只能整体性地体会其对正义的理解，而不能像规范理论那样提出体系化的东西。②

如果说上述两种理解是一种具体化的阐释的话，那么李佃来的理解则带有前提批判的意味。在他看来，在研究马克思社会正义思想时，必须首先弄清楚一个前提，那就是马克思的问题意识是什么？即马克思基于什么问题来研究社会正义。他主张，马克思对资本主义正义的批评是从其自身的问题意识和革命立场出发的。可以看到，在马克思很多的文本中能够发现他对于资本主义正义持批评的态度，其批评资本主义正义的背后，是对社会主义正义的肯定。基于这样的判断，马克思的正义思想主要体现在三

---

① 参见王海锋、李潇潇：《开掘马克思思想资源中的社会正义理论》，《中国社会科学报》2013 年 7 月 31 日。

② 参见王海锋、李潇潇：《开掘马克思思想资源中的社会正义理论》，《中国社会科学报》2013 年 7 月 31 日。

个层面：人的自我所有权、分配正义、人的自我实现。这三个内容自上而下呈现为立体的结构，它们并不是互为他者、相互隔绝的，而是有一种会通、包容、递推、助长的关系。①

拓展对马克思社会正义思想的理解，不能局限于马克思本人的论证，而要将其放到西方政治哲学的语境中进行比较。汪行福做了这样的尝试。通过对目前学术界存在的两种对立的立场制度论解释和规范制度论解释的分析，他认为，马克思的正义观应该理解为规范制度论，即把正义嵌入制度之中使其具有现实性；同时，他又强调规范对制度的相对超越性，从而保持其批判性。具体言之，马克思的正义是一种制度的正义论，它着眼的是社会制度在正义实现上的潜能和限度。正是在对资本主义诸多不正义问题的批判中，马克思提出了关于个体完全发展和自由人的联合体的问题，从而实现了一种对既有资本主义制度的内在超越，提出了自我实现的正义原则；同时，马克思也重建了一种正义规范原则，这就是社会主义的分配正义原则。只有到了共产主义社会，它的制度性原则与人的自我实现的权利平等原则才完全同一。②

马克思说："理论在一个国家实现的程度，总是取决于理论满足这个国家的需要的程度。"③在今天，我们开掘马克思社会正义思想资源中的社会正义理论，既是时代的需要，也是发展和创

---

① 参见王海锋、李潇潇：《开掘马克思思想资源中的社会正义理论》，《中国社会科学报》2013 年 7 月 31 日。

② 参见王海锋、李潇潇：《开掘马克思思想资源中的社会正义理论》，《中国社会科学报》2013 年 7 月 31 日。

③ 《马克思恩格斯文集》第 1 卷，北京：人民出版社，2009 年，第 12 页。

新马克思主义理论的需要。在这个意义上，仅是思想力求成为现实是不够的，现实本身应当力求趋向思想，只有在思想和现实的双重互动中，思想才更具生命力，而现实才能被改造成我们所预想的那样。

第五章
马克思主义哲学发展的规律性认识

当代中国学术正处在"十字路口",文本与时代正纠缠着学术的风向。尽管各种抽象理论都试图提供可以解开这个时代之谜的谜底,但这些谜底必然性地要受到这个时代本身的历史活动的制约。思想的解放不是从"词句的奴役"下解放出来,替换成另一种提法、设想或想象就可以完成的。所谓"哲学的和真正的解放"[1],就只有通过在现实世界的实践活动的干预手段才能实现。从这个意义上说,学术并不能理解为纯粹的思想活动,毋宁说它是历史活动。即使能够解释世界的理论也是由种种社会历史关系,比如交往、商业、工业甚至日常活动所促成的。也就是说,没有一种思想是可以适用于各个历史时代从而是万世永存的。

面对全球化大势与当代中国已经充分展开的矛盾状况和现实问题,当代中国三大学术体系均面临学术有效性的困境。这三大学术体系分别是:以自由主义为底色的西方学术话语体系,以儒学为核心的中国传统思想体系,以教科书为标志的马克思主义传

---

① 《马克思恩格斯选集》第1卷,北京:人民出版社,1995年,第74页。

统话语体系。第一种学术话语体系背后的诉求是使中国的问题西方化，以西方的成功经验促使中国走向西方的发展道路；第二种学术话语的理论动机是正面的，但以文化决定论的立场试图超越时空将现代政治的结构范型装进传统概念的笼子里，这类幼稚的天真忽略了社会形态的演变规律；而第三种话语体系则面临更为严峻的学术有效性考问，那种基于主观逻辑的方法所形成的范式，把马克思主义哲学的研究禁锢在僵死概念的框架中，无法把现实的问题提升到应有的理论高度，结果造成了现实问题和理论问题的分离，这就阻塞了理论通向现实的道路。因此，推进马克思主义哲学研究范式的转型势在必行，当今马克思主义哲学研究方式的自我批判也显得尤为珍贵。[①] 以此为目标和指向，回顾中国马克思哲学新时期以来的研究路径，可将其发展规律定义在四个层面：哲学与文本研究的互动关联，哲学与现实的互动关联，哲学与问题的互动关联，哲学与全球学术的互动关联。

第一节　马克思主义哲学研究与文本研究的互动关联

一、文本研究的价值不能否认

在新时期的马克思主义哲学研究进程中，"回到马克思"是

---

① 参见李潇潇：《当代马克思主义哲学研究方式的自我批判》，《哲学研究》2013 年第 6 期。

无法绕过的标记，它开启了中国马克思主义哲学文本研究的范式系统。回顾学术史我们发现，"回到马克思"使马克思主义哲学走出了教科书体系桎梏，在反对教条主义和开始解放思想的历史阶段，发挥了使中国马克思主义研究更加规范、更加进步的积极作用。实践唯物主义兴起以来，学者们通过文本考究和学术考据，以更为科学的方式打破了苏联教科书式的马克思恩格斯解读模式，基于实践来表达马克思主义哲学的性质，从而重新建构新的哲学体系。正如张一兵在《"回到马克思"的原初理论语境》中所强调的是为了"重建我们从未达及的全新（文本阐释）的历史视域，以使我们真正有可能重新建构马克思思想的开放性和当代生成"①。

　　文本研究作为基础理论研究，其存在价值不言而喻。因为离开了基础理论，现实问题既无法发现，更无法厘清。马克思主义哲学固然应当面对现实，面对现实问题，但如若离开了理论土壤，这些现实问题就会碎片化、无序化和庸俗化。马克思评价蒲鲁东对拿破仑政变的历史说明时就曾指出这种历史辩护"陷入了我们的那些所谓客观历史编纂学家所犯的错误"②。可见，一旦现实或实践失去了理论判定的标准，就极易沦为客观主义的错误。实际上，在实践中这样缺乏理论指导所造成的错误比比皆是，比如建国初期的社会主义建设问题等。对于当代社会历史发展而言，这个问题依然具有意义。面对现代化和全球化，现实问题是什么、来自何处、如何解答，这些都需要以基础理论为背景

---

① 叶汝贤、孙麾主编：《马克思与我们同行：新世纪马克思哲学研究》，北京：中国社会科学出版社，2003 年，第 133 页。

② 《马克思恩格斯选集》第 1 卷，北京：人民出版社，1995 年，第 580 页。

才能得以解决。离开了基础理论的现实研究，往往是不现实的。因此，文本研究作为近十年来马克思主义哲学的一种主流研究范式，其存在具有学术合理性。

我们不能武断地说，是文本现实化趋向成就了畸形发展的"文本学"范式，还是"文本学"范式的盛行助长了文本现实化的功利性生长。但有一点毋庸置疑，那就是学术研究如果继续限于文本的现实化而不重视现实的文本化，必将不利于其发展与创新。那么，何谓现实的文本化？简单说来，就是从问题中提升理论，即面对纷繁复杂的现实问题及社会现象，从中总结出规律、趋势与走向，从而针对问题凝练出具有普遍价值的、一般意义的、严谨科学的学术概念、学术理论乃至学术体系。

总的来说，就是要从严格的经验事实出发，从来自于事实的问题本身出发，为解决实际问题提供具有方法论意义的思维框架和解释框架。任何文本、文献和思想本身，都并不是提供现成的具体问题的解决方案，也不是根据某种需要可以随意选取的解释工具。理论成果成为一种认识工具，要在实践中不断生成和发展，成为一种历史辩证法，这种历史辩证法反对任何从一般原则出发的独断论。

二、避免走向文本的实用主义滥用

在肯定文本研究与马克思主义哲学互动发展的学术价值的同时，需要警惕一种研究倾向："文本本位"。这里的文本既包括马克思恩格斯经典，也包括西方经典。一些学者面对重大问题的研究，仅仅套用经典文本或西方文本的框架，甚至仅仅套用其中的一两个基于历史事实或西方事实所得出的结论，就对当前的重大现实问题作出判断或妄下定论。比如在政治学学科，我们常常看到以 E. 奥斯特罗姆的"集体行动逻辑"来分析中国公共治理问题的文章，从而得出多中心的结论。如此结论，或者大而化之，或者与中国实际严重不符，不但不具备基本的科学性，更不具备任何可行性，甚至会映射出不同的意识形态特征。由此可见，此种从孤立文本出发来进行现实研究的做法，是十分危险的。

实际上，对于文本的研究与分析是必要的，但其属于相关研究的学术史研究范畴，这里应该有一个"度"的问题，这包括条理性和必要性两个方面。这个"度"的问题不仅反映了学术规范的意义，而且反映了对学术研究基础本身的尊重和重视。这种文献梳理是学术研究的起点，但不能视为学术研究的全部。

任何学术研究都离不开文本，因为文本承载着思想。因此，对文本的解读，实际上就是与伟大的思想家对话。但目前，中国的学术研究出现这样一种现象：学者们将大量的精力集中在对文本的研究上，文本研究变成了文本的考据与考证。由此导致的结果是，被研究者的思想在研究者的文本考据中碎片化，思想反倒被淹没。不可否认，文本的考证和考据在学术研究中具有重要的价值。但是，学术研究是否应当就只是考据和考证？在我们看来，任何文本都承载着作者对其时代和问题的关注，都记录着思想者的心路历程。因此，文本研究，尤其是对西方学者文本的研究，不应当只是简单地翻译和介绍，而应深化问题意识，通过文本来弥补我们思想资源的欠缺，但不能拘泥于文本，要跳出文本，要在文本思想资源的支撑下面对中国的问题，向现实提出并作出解答，以形成新的文本，实现学术的创新与发展。更重要的是学术研究要关注现实，在思想中把握现实的必然性，将现实置于理性的观照下，并将现实问题提升为学术研究的命题和对象。现实不是事实的堆积，而是社会发展具有本质性的维度，将现实文本化将有助于引导学术研究，并在思维中把握我们的时代。

学术研究既在于学问的积累，更在于思想的创造。由此，学者就可以划分为学问家和思想家。学问家，学富五车，只是从事专业领域的研究。思想家，在思想资源积淀的基础上，不仅对本专业有着深入的研究，而且对跨专业，尤其是对现实中的诸多问题都有自己独到的见解。在一个"学术凸显、思想淡出"的时代，呼唤学者要做思想家意义重大。试想，一个民族若无思想的高度，怎样与世界对话？尤其是在当下西风劲吹的情况下，我们不能简单地拘泥于对西方学术的介绍，更不能跟在西方学术的背后亦步亦趋，唯西学马首是瞻。这就要求，我们凸显思想的价值，要让中国的学者讲述自己的"故事"，而不是把讲中国人"故事"的权利交给西方学者。不可否认，中国学术依然处在"学步、模仿"的童年，但是这并不意味着要一直这样下去，我们要认真对待成长中的缺陷，从一开始就给予思想创造以至高的地位。

文本解读能否导致对马克思哲学质的不同的理解？可能性空间是什么？实现马克思主义哲学研究范式的转变，在推进文本研究的同时，更应注重"问题研究""中国现代化道路及经验的哲学基础研究""中国传统哲学思想的当代价值研究"。就是说，中国的马克思主义哲学研究不仅仅应有"文本学派"，还应当有"问题学派""（中国）经验学派"以及"传统学派"（汇通与中国传统哲学文化的关系）。

　　当代中国学术历经 30 多年的成长过程，必须破除束缚学术独立性和创造性的教条主义。我们要从历史经验中吸取教训，包括打破两个教条：盲目迷信马克思主义和盲目迷信西方学术。用发展的眼光和态度对待马克思主义哲学，其自身即具有自我反思与批判的意味和要求，这也是其不断发展的内生性动力。这种内生动力主要包括两个方面：第一，社会实践和时代背景所提出的实际需求；第二，一种科学理论不断生长的自我批判意识。这两个方面共同作用于马克思主义哲学的演进与推动，因此决定了马克思主义哲学不会变成自我封闭、自我禁锢的僵化的体系，它总是能够自我反思、自我认识，从而完成其对万人追捧的所谓"绝对精神"的思辨哲学的批判和革命。

　　需要肯定的是，我们应该引进和借鉴西方学术对人类文明的贡献，尤其是那些具有贯通性的科学思想。但必须看到问题的另一面：如果我们不加区别与批判地接受西方那些带有浓郁的意识形态化质征和利益诉求的观点信息，并不管其产生的社会制度性质及其与政治形态和经济形态的同根性，不假思索地全部搬来使用，单单从自在的文本中得出一些所谓具有现实性的判断，那么这种复制西方的学术方法所造成的后果，就是令中国的社会科学研究延展出一种附属性特质。但是鉴于中国问题的研究需求，如果西方学术的方法与思维模式持续对中国学术形成控制，成为中国学术的出发点，那么我们不但无法解决问题，甚至无法发现问题。

　　学术可以注解经典，对其中蕴涵的知识仅进行回顾性研究；也可以只是对其意思进行"翻译"，而完全不顾其价值指向；当然，也可以完完全全地封闭在象牙塔中，在无知之幕的遮蔽下进行空泛的思考。但这样做的弊端显而易见。我们要让理论得到发展，要实现社会变革，就不能只从历史而需要面向未来的问题来展开我们自己的探索。

第二节 马克思主义哲学研究与现实的互动关联

一、社会现实创造学术体系

当代中国学术不同于以往的独特主题，就在于其学术体系的构建基础来自于社会现实。在哲学体系的科学性方面，其实标准非常简单，就如马克思指出的那样："理论只要说服人，就能掌握群众；而理论只要彻底，就能说服人。所谓彻底，就是抓住事物的根本。但是，人的根本就是人本身。"[1] 马克思哲学对哲学身份的改变是通过对形而上学的批判和对资本主义的政治经济批判得以完成的。正如马克思所说："哲学把无产阶级当作自己的物质武器，同样，无产阶级也把哲学当作自己的精神武器！"[2] 马克思主义哲学在这里成为了一种武装头脑的武器，从而获得了最充分的实践价值，也为此后的马克思主义理论展开奠定了逻辑基点。

---

[1] 《马克思恩格斯选集》第1卷，北京：人民出版社，1995年，第9页。

[2] 《马克思恩格斯选集》第1卷，北京：人民出版社，1995年，第15页。

毫无疑问，异化劳动理论对劳动在资本主义制度特殊状态下的性质作了深刻揭示，阐明了资本主义私有制的根源和实质。因此，消除资本主义制度在根本上必须消除异化劳动，或者说消除异化劳动必须以消除资本主义制度为前提。在这样一个制度前提下，无产阶级诞生了，这个社会阶级也被迫赋予了消解资本主义制度带来的异化劳动的责任，因此其必然希望使这种能力或财富服务于整个社会，而非仅限于垄断阶层。在这种历史逻辑之下，"自主活动"作为人的理想生存图景被提出来了，这是一种对异化状况的矫正，是对人的片面性生存方式的超越。

"自主活动"的思想在《德意志意识形态》中得到了较为系统的阐述。马克思指出，未来社会全面发展的可能性及基本特征蕴含于资本主义的片面发展之中，但这种可能性只有通过实践方式才能真正成为现实，只能在现实世界中使用现实的手段才能够实现。马克思指出，资本主义虽然将人从自然中解放出来，却也使人陷入到新的依赖形式即商品拜物教当中。在这种资本占支配地位的权力结构中，消除资本对人的活动的全面控制是人的"自主活动"得以实现的重要前提。可见，马克思是从社会形态演变的高度来理解人的"自主活动"的，即资本主义被更符合人的独立自由活动这一理想的新社会形态即共产主义社会所扬弃。

在关于共产主义的阐发中，马克思将私有物和私有关系都重新进行了扬弃，如此一来，异化了的人就回归到了社会和自我本身。用 H. 马尔库塞的话说，在扬弃了异化劳动的非压抑性文明中，"人类生存将是消遣，而不是苦役，人将在表演中而不是需要中生活"①。当然，自主活动的意义不仅在于社会关系的层面上，同时也包涵了人与自然的关系层面，这里是指联合起来的人对于两种关系的共同控制，意味着"社会化的人，联合起来的生产者，将合理地调节他们和自然之间的物质变换，把它置于他们的共同控制之下，而不让它作为一种盲目的力量来统治自己；靠消耗最小的力量，在最无愧于和最适合于他们的人类本性的条件下来进行这种物质变换"②。

在马克思一生对超越私有制、实现人的解放的理论向度与现实运动的孜孜以求中，他始终坚持从社会实际出发（这里的社会实际主要是指经济状况），实际地呈现了资本主义制度下工人被剥削的悲惨境况以及被异化的人性特征。正是在将人作为"从事实践活动的社会历史中的人"的前提下，马克思将人拉回到现实生活中，并使得哲学主题从探究世界何以可能转向探究人类解放何以可能。

当然，马克思主义哲学变革是在三套系统的有机连接的基础上实现的：对德国古典哲学的合理吸收、政治经济学批判和对空想社会主义的科学化构成了马克思哲学变革的完整涵义。不翻转黑格尔的唯心辩证法并确立辩证唯物主义的根基，不为费尔巴哈的唯物主义注入以"实践"为核心范畴的历史辩证法；不确立政治经济学批判的实证基础，不在经济学范畴内去空泛地理解所谓人的现实性；不经过科学社会主义或国际共产主义的现实运动以及在这种运动中的理论创造；不将研究视野放在社会历史的范畴

---

① 赫伯特·马尔库塞：《爱欲与文明——对弗洛伊德思想的哲学探讨》，黄勇、薛民译，上海：上海译文出版社，2005 年，第 144–145 页。

② 《马克思恩格斯文集》第 7 卷，北京：人民出版社，2009 年，第 928–929 页。

内去观察人的客观实际活动，就无法真正在哲学意义上理解人的主体性特征和实践性特征，也就不可能形成超越本身需要解释的所谓历史唯物主义的"解释原则"，也就不可能产生世界观和历史观意义上的"哲学革命"。

二、透过经济理论与现实对话

我们从哲学视角，来谈一谈如何关注现实的研究进路。实际上，关注现实的话题长期以来都是马克思主义哲学研究的核心问题，其重要性不言而喻，但是"如何"的问题始终没有解答。如果我们回到马克思的研究当中去，则会发现在马克思本人的研究中其关注现实的最直接的路径就是经济问题。通过对货币、商品到生产关系的讨论，马克思发现了社会形态演变的真正动力。可以说，"没有经济学理论的支撑，哲学社会永远浮在社会的表层，不能进入社会的深处"①。因此，透过经济问题、经济理论与现实对话，在与其他非马克思主义经济理论的明辨中彰显马克思主义的现实性和有效性，是马克思主义哲学得以实现的基本方式。

马克思深刻揭示了他所处时代"资本和劳动的关系"这一时代问题，这一高度概括仍然适用于我们所处的时代。但是，资本主义生产力与生产关系的永恒矛盾成为马克思研究对象与结论的同时，马克思主义的理论影响与实践活动也促成了资本主义的不

① 参见陈先达：《马克思主义哲学关注现实的方式》，《中国社会科学》2008 年第 6 期。

断修正与自我"完善"，由此改变了"资本和劳动的关系"的具体表现形式，并在很大程度上掩盖了根植于资本主义结构之中的剥削关系。因此，透过经济理论、经济问题与现实对话，不是抽象的理论演绎，而必须从当下的实际出发，从当下的经济事实出发。具体来看，资本主义在经历了几百年的发展后，不论在微观层面的企业或公司结构与运作，还是在宏观层面的经济机制与运作上，都呈现出与马克思所处时代的不同面貌。当代的马克思主义者必须从对当下经济事实的观察与把握出发，才能真正发扬马克思主义、发展马克思主义，才能使马克思主义在新的时代焕发出新的活力。

从微观层面看，所有制结构与治理机制的发展在一定程度上给资本主义穿上了"社会主义"的外衣，同时也对马克思主义的批判性和现实有效性提出了新的考验。就所有制结构而言，产生于18世纪欧洲、19世纪后半期以来广泛流行于资本主义各国的股份制及其发展在促进资本积累、掩盖阶级剥削关系方面的运行机理与现实影响是一个值得深入研究的问题。马克思早已指出股份制在形成资本集聚方面的强大威力："假如必须等待积累使某些单个资本增长到能够修建铁路的程度，那么恐怕直到今天世界上还没有铁路。但是，集中通过股份公司转瞬之间就把这件事完成了。"[①] 资本主义的全球扩张和经济全球化的现实进程，不仅在广度和深度上加剧了资本的积累，而且使得不同性质的所有制经济通过股份制混合在一起，形成了"你中有我，我中有你"的混合所有制。如何认识和评价这种改变，不仅是马克思主义经济学

---

① 《马克思恩格斯文集》第5卷，北京：人民出版社，2009年，第724页。

家必须面对的问题，而且是马克思主义哲学研究者必须关注的问题。

从宏观层面看，资本主义经济在全球化、虚拟化和"生态化"三个维度上的发展与相互交织共同增强了资本主义经济的渗透性和吞噬性，也使得当代马克思主义者面临着更为严峻的批判任务。资本主义经济的全球扩张是由其内在的扩张性所决定的。马克思主义理论宏旨的《共产党宣言》中有一段经典表述："这就是资产阶级时代不同于过去一切时代的地方。……不断扩大产品销路的需要，驱使资产阶级奔走于全球各地。它必须到处落户，到处开发，到处建立联系。……一句话，它按照自己的面貌为自己创造一个世界。"[①] 跨国公司的迅速崛起与扩张，新自由主义在全球范围内的蔓延，进一步从物质载体和意识形态两个方面为资本主义的全球化提供了武器。在位 12 年的世界银行高级经理戴维森·巴德霍在离职时坦言："我们自 1983 年以来所做的每一件事情，都是基于这样一种使命感：不惜一切代价将南方国家私有化。为了实现这个目的，我们卑鄙地把拉丁美洲和非洲变成了经济上的疯人院。"[②] 资本主义对全球市场的开拓肩负着双重的使命："一个是破坏的使命"，即消灭既有的社会——封建主义的或社会主义的；"一个是重建的使命"，即为创造服务、从属于资本主义的社会奠定物质基础。当下，经济全球化所裹挟的跨国资本主义正在深刻影响着全球范围内几乎所有国家的生产结构与生产关系，并改变和影响着全球的阶级结构与阶级意识。

---

① 《马克思恩格斯选集》第 1 卷，北京：人民出版社，1995 年，第 275–276 页。

② 李其庆主编：《全球化与新自由主义》，桂林：广西师范大学出版社，2003 年，第 67 页。

　　如果说全球化在广度和深度上形塑着资本主义的面貌，那么，虚拟化则在性质上重塑着资本主义，并伴随其全球性的扩张积聚、放大了资本主义内在的缺陷。在知识经济时代，"资本"和"劳动"都在获得新的表现形式，这无疑为我们正确理解"资本和劳动关系"增加了新的难度。在马克思所处的时代，传统经济注重的是有形产品的制造与规模的扩张，马克思对资本主义的批判与揭露也主要是针对以制造业为代表的实体经济——尽管马克思早已对证券等本身没有价值，但却能够产生某种剩余价值的"虚拟资本"提出了批判。而当下信息技术的发展，尤其是网络的全球链接与（电子）货币的全球流动，为虚拟经济的迅速膨胀创造了更为便利的技术条件。在虚拟经济形态下，生产过程往往与消费过程同一。因此，鼓励消费胜于财富积累、金融产品创新重于规模扩张。以当前的次贷危机为例，"穷人消费的是次贷，中产阶级消费的是品位，富有阶层消费的是意境"一说形象地揭示了当前资本主义经济发展的虚拟化、符号化。然而，次贷危机的发生恰恰在于，在消费主义激发穷人消费欲望的同时，资本家对工人的持续剥削并未停止。正如马克思所揭示的："一切现实的危机的最终原因，总是群众的贫穷和他们的消费受到限制，而与此相对比的是，资本主义生产竭力发展生产力，好像只有社会的绝对的消费能力才是生产力发展的界限。"[1]对当代马克思主义者而言，揭示虚拟经济形态下资本的增殖过程和资本家聚集财富的新途径，显然是时代赋予的新的理论使命。

---

[1] 《马克思恩格斯文集》第 7 卷，北京：人民出版社，2009 年，第 548 页。

第三节　马克思主义哲学研究与问题的互动关联

一、问题来自于现实而非文本

学术研究只有关注现实社会才不会被历史所抛弃。正是基于此种现实性品格，学术思想才能始终成为一个时代的灵魂，才能在社会现实的发展过程中不断地嬗变和完善自身。那么关注现实，是否仅仅流于空泛的观察或无奈的关怀？答案当然是否定的。面对现实，旨在提出问题，继而解决问题，必须避免一切走向肤浅或天真的浏览式的表述。要有问题意识，而且这个问题必须是来自于现实需要的实践中的真问题，而不是限于文本的概念演绎式的问题。

面对社会、思考现实、提出问题，绝不仅仅是观察、记录和叙述这么平面，也绝不仅仅是获得一些间接性的文本经验这么简单，不能只是充当一个局外人的角色，而是必须亲身介入和参与到社会实践当中，才有可能寻求真理性的问题答案。从这个意义上说，是否真正地触动现实并启发问题，才是衡量现实研究是否深入的重要标准。

当然，社会现实的复杂性决定了其现象纷繁复杂且本质难辨，不同的人、不同的时空都会对其有不同的理解和感受。既然如此，那么社会现实究竟有没有"客观性"呢？答案是肯定的。实际上，马克思、恩格斯早就注意到了这个问题。历史经验告诉我们，同样面对社会现实，同样思考现实问题，结论总有肤浅与深刻、片面与全面、表象与深刻等的差池和分野。马克思、恩格斯在注意到这一情况后，特别提出要对不同状况作出厘清和甄别。作为《德意志意识形态》第二卷的补充，恩格斯就曾以卡尔贝克的《穷人之歌》为例，剖析过作为"真正的社会主义"思想表现的诗歌和散文为什么会在反映社会现实时走向了肤浅和天真。

问题意识是学术研究的核心，唯此方能推进中国哲学社会科学研究的进步和繁荣。什么可称之为问题？问题不是漂浮在空中的主观认定或概念推演，其来源只能有一个——现实的矛盾冲突。意识本身不能作为现实判断的根据或支撑，恰恰不同的是，意识是来自于客观现实的、由"苦恼的物质利益"所产生，因而只能从生产力和生产关系的矛盾逻辑关系中去寻求理解。抛开神秘的面纱，以事物的本来面目或现实存在来理解世界的时候，一切玄虚的学术体系都能找到本源的可理解的现实土壤。由是，如果我们抛开现实去"制造"问题，我们所面对的就只能是伪问题或者空洞的问题。

问题与现实的逻辑关系可以这样表述，"人类始终只提出自己能够解决的任务，因为只要仔细考察就可以发现，任务本身，只有在解决它的物质条件已经存在或者至少是在生成过程中的时候，才会产生"①。也就是说，产生问题的现实不是平面化的单一的现实，而必须是与产生问题的物质条件相联系的。离开产生问题的物质的历史的条件，问题只是没有实质内容的虚悬的理论。

---

① 《马克思恩格斯选集》第2卷，北京：人民出版社，1995年，第33页。

通过对学术史的考察我们看到，重要的学术成果和学术发现无一例外地来自于对现实的关切和考察。中国 18 世纪的文论家袁枚曾经说过："学问之道，当识其大者。"这里的所指，实际上就是人与人、人与自然的关系及规律，人类社会的发展及规律。因而，若要发现和总结规律，唯一的出发点就只能是社会现实而不可能是空泛的理论或想法。

树立问题意识，转变提出问题的方式，让我们研究的问题来自于实践而非文本，是实现文本现实化的第一步。那么，如何发现问题和关注现实呢？就牵涉到第二个转变：研究进路的转变。实际上，我们反观马克思、恩格斯关注现实的方式，或许就会从中获得裨益。

二、以问题意识为研究指向

所谓问题，是基于人们在现实的实践活动中所产生的，在感性和理性之中暂时没有解决或者因为一时的疏忽未解决的矛盾。"提出一个问题往往比解决一个问题更重要，因为解决一个问题也许仅是一个数学上的或实验上的技能而已，而提出新的问题，新的可能性，从新的角度去看旧的问题，却需要创造性的想象力，而且标志着科学的真正进步。"[①] 从问题到问题意识，简单地看就是从客观性描述向主观性认识的一种转变，这种转变究竟来

[①] 艾·爱因斯坦、利·英费尔德：《物理学的进化》，周肇威译，长沙：湖南教育出版社，1999 年，第 65–67 页。

源于什么或者又意味着什么？鲁迅曾说过："不满是向上的车轮，能够载着不自满的人前进。"①在"不满"的情绪中，人们产生了改变现实的意识，人们依靠或者依据这种"情绪"产生了改造世界的动力，从某种经验的角度看，这种"情绪"就是人发展的最初动力。然而，问题意识则不太一样，问题意识来源于客观现实中，是对问题的思索和解决的过程。在这一过程中，通过主观能动性作用形成对问题更为深刻的理性认识的突破，以质疑与审视的形式在人的大脑中凝结出对客观世界认识的理性思维方式。从问题到问题意识，人的认识由感性到理性不仅加深了认识世界的能力，也催生了改造世界的动力。

人们基于对问题的产生与解决而形成的问题意识，用学术与思想的眼光来考察这个问题，我们可以看到，问题意识是介于学术与思想之间的一个"中介"。问题意识，并非一种完满与独立的固定思维方法与认识方式。它源于客观现实反映的质疑与主观能动的认识，在整个认识过程中居于一个"承上启下"的位置。没有问题意识，人们对于客观世界的认识只能停留于机械的反映论之中，只能就客观矛盾进行反映，缺乏人的自主解决性功能；同时，问题意识又不是空想，要在能动的基础上不断地观照现实，基于客观实在审视并解决问题。

基于这种"中介"的特性，在学术与思想的贯通之中，形成并保有问题意识是实现二者贯通的第一要义。学术的科学品格忠实地反映着客观，不受任何夸大、自由乃至荒谬的自为性认知方式所左右，依照对现实严谨的逻辑论证准确地反映客观现实，保

① 《鲁迅全集》第1卷，北京：人民文学出版社，1981年，第326页。

证人们对于客观世界的第一认识的准确性。马克思说："人不是同自己的生产条件发生关系，而是人双重地存在着：从主体上说作为他自身而存在着，从客体上说又存在于自己生存的这些自然无机条件之中。"① 马克思强调人的主体与客体的双重存在性特征，对于人自身来说需要某种东西将其连接，从主体与客体的认识活动角度看，正是问题意识连接二者，从而实现着具有客体品质的学术与具有主体品质的思想之认识维度的贯通。从主体到客体，从学术到思想，两种认识品质、特性的叠加与重合，辩证地实现了人类认识世界并改造世界的活动。问题意识这种"中介"特性，并非是实然的在思维方式中存有这么一个必然的认识阶段，而是问题意识作为人的认识活动的特殊表现方式，天然地寓于人的主、客体双重存在性之中并有机地连接二者，进而具有贯通学术与思想的内在品质，在现实中客观的认识活动中自觉地实现学术与思想的贯通。

问题是学术思想之母，思想的产生、展开都离不开问题的前导。"哲学问题是哲学的生命线。没有哲学问题，就不可能产生哲学"。② 在发生学的意义上，柏拉图曾在《泰阿泰德篇》中说："这地地道道是哲学家的情绪，即惊讶，因为除此之外哲学没有别的决定性的起点"。③ 这里的"哲学源于惊讶"表明了正是在对陌生之物的惊讶之情中，诞生了人类的问题意识：这是什么，它

---

① 《马克思恩格斯全集》第30卷，北京：人民出版社，1995年，第484页。

② 陈先达：《哲学中的问题与问题中的哲学》，《中国社会科学》2006年第2期。

③ 孙周兴选编：《海德格尔选集》，上海：上海三联书店，1996年，第602页。在与泰阿泰德的对话中，苏格拉底提出"疑惑感是哲学家的一个标志。哲学确实没有别的起源"。参见柏拉图：《柏拉图全集》第2卷，王晓朝译，北京：人民出版社，2003年，第670页。

为什么存在，它为什么只能这样存在而不能以别的样式存在，它与我有什么关系。而这种问题意识就成为哲学思考的动力，推动着人们对于看似熟悉而又陌生的事物说出其"然"和"所以然"。而这种思考经过时间的累积和问题的展开，就形成了概念、范畴乃至体系，演化成了思想学术。在此，亚里士多德也对于哲学的惊异与学术生成的关系，做了很好的总结。学术成为一种纯目的性的活动，而不再带有任何其他目的性或功利性，哲学被誉为智慧学，哲人被誉为智者的本真，在这里成为终极境界。高级学术并不是为了"制造学术"，"古往今来人们开始哲理探索，都应起于对自然万物的惊异；他们先是惊异于种种迷惑的现象，逐渐积累一点一滴的解释，对一些较重大的问题，例如日月与星的运行以及宇宙之创生，作出说明"。[①] 问题导向成为学术前行的引领。

第四节　马克思主义哲学研究与国际学术的互动关联

一、全球化语境中的马克思主义哲学

"全球化"如何界定？一般认为，美国学者 T. 莱维特是全球化概念的正式提出者。1983 年，莱维特在《哈佛商业评论》上发表了《市场的全球化》一文，用"全球化"一词来形容此前 20 年间"商品、服务、资本和技术在世界性生产、消费和投资

---

① 亚里士多德：《形而上学》，吴寿彭译，北京：商务印书馆，1959 年，第 5 页。

领域中的扩散"，由此也引发了"全球化"一词在学术界、新闻界的迅速扩散。在随后的全球化研究热潮中，这一新生的词汇逐渐被赋予"古老"的涵义，全球化的时间跨度也被越拉越长。在R.罗伯森的"五阶段"划分中，先于资本主义的全球化萌芽始于15世纪之初的欧洲，在经历了开始、起飞、争霸之后，在20世纪60年代进入不确定阶段，并在90年代初显示出危机趋势。而在《全球化大变革》中，D.赫尔德等人更是把全球化追溯至9000～11000年前的史前时期，1945年以来的当代全球化则是全球化的最新阶段。

事实上，已经成为流行语的全球化始终是一个极具争议的概念，不仅在内涵、外延上存在诸多不同的界定，而且在对待全球化的态度上也有着显著的差异。① 因此，在何种涵义上理解全球化，直接关涉到对"全球化语境中的中国学术"的解读。如果在宽泛的意义上理解全球化，那么两汉时期佛教的传入即可看作是中国学术（文化）与全球化第一次具有时代意义的遭遇，其结果是佛教由外来文化逐渐融为中国文化的一部分，并成为一种极为重要的宗教文化力量。而近代的西学东渐，则可溯至明末清初耶稣会传教士对中国传统学术思想的触动②，并随坚船利炮的裹挟开启了中国学术持续至今的现代转型。如果在这个意义上来谈论全

① 如关于全球化定义的本质因素扩张说、时空压缩说、全球依赖加强说以及全球意识形成说等，在对待全球化的态度上则可划分为极端全球主义者、怀疑论者、变革论者和反全球化者。参见程光泉主编：《全球化理论谱系》，长沙：湖南人民出版社，2002年。

② 1605年，利玛窦著《乾坤体义》，被《四库全书》编撰者称为"西学传入中国之始"。当时的主要影响在天文学、数学、地图学方面，且只在少数士大夫阶层中流传。

球化之于中国学术的影响，这一命题表述为"现代化语境中的中国学术"似乎更为贴切。但如此一来，不仅研究的时间跨度被拉长，而且"全球化"之特定涵义也会被稀释，难以凸显其对中国马克思主义哲学当下及未来走向的影响。

有鉴于此，本书对"全球化"的理解首先指 20 世纪 80 年代以来，由国际贸易和投资增长所推动的经济全球化，跨国公司、国际金融体系和国际经济组织的发展是其主要标志。在此意义上，考察中国学术之状况与走向便有着特定的涵义：一是在时间上，全球化与中国始自 1978 年的改革开放可谓同步。实际上，若没有中国的改革开放，没有中国（尤其是经济）融入世界，就不可能有真正意义上的全球化。因此，如何从传统的计划经济体制转变为社会主义市场经济体制，以及中国如何参与全球经济在某种意义上是一个一体两面的问题。必须强调的是，在经济维度之外，文化维度对于充分理解全球化与中国改革开放共时性可能更重要、更深刻。这从 80 年代的"丛书热"中可见一斑："文化：中国与世界""走向未来"等引领当时人文社科思想风潮的丛书，关切的无不是历经劫难的中国，以何种面貌、何种姿态走向世界、走向未来。二是从推动力量及其意识形态看，资本无疑是这场全球化浪潮的主要推动力量，而当时的美国总统里根、英国首相撒切尔夫人所鼓吹的新自由主义则提供了意识形态的支持。有意思的是，拉丁美洲实践的失败重创了新自由主义的扩张势头，而面对 2008 年以来的世界性经济危机，对资本与资本家的批判不仅响彻在"占领华尔街"运动中，而且影响到许多国家的政策制定。但是，资本与新自由主义合力推动的"全球化"仍然势头不减。在这个意义上，中国学术无疑肩负着相当艰巨的使命：不仅要为改革开放的中国更有效地参与世界经济、政治提供智力支持，而且要为特色社会主义的中国参与资本主义主导下的世界经济与政治秩序提供合法性论证。

当然，不主张泛化地理解全球化，并不等于封闭地理解全球化。不可否认，发端于经济的全球化，正在经历深刻的变迁和塑形。其中，以互联网为代表的现代通讯技术的广泛运用和以全球暖化为典型的全球性生态危机，虽然在很大程度上关联于经济全球化，但二者所开启的改变早已突破经济领域。对于互联网用户超过 10 亿（世界第一）、手机用户突破 12 亿的中国，对于正经受种种环境污染、种种资源紧缺的中国人而言，信息化与生态环境的严峻挑战带来的不仅是个人日常生活与行为方式的改变，而且是社会政治经济结构乃至社会心理与精神世界的调整与重塑。

二、马克思主义哲学前景之思

马克思主义哲学具有两大特征：一是批判性，即从批判资本主义的弊端中发展起来的，这是马克思主义最本质的特征在学术上的反映；二是实践性，马克思主义不是教条，不是纯粹的知识发现，而是指导实践的科学方法论。最为显著的特征是马克思主义于中国革命和建设实践中实现了马克思主义的中国化。

我们过去常说，十月革命一声炮响，给中国送来了马克思主义，如果以此时间节点起算，马克思主义在中国的传播和成长历史，充其量也就一个世纪。在这短短百余年的历史中，其丰厚的思想内涵要深化渗透到中国学术思想灵魂的深处，这段时光还略显短暂，马克思主义学术本身还需要在中国学术思想体系中积淀自身的正能量。回顾马克思主义哲学在中国的历程，其生长与延展都经历了诸多考验和质疑，甚至饱受了各种来自内部和外部的误读乃至歪曲。各个不同历史时期所遭受的误读乃至歪曲具有不同的表现形式。中华人民共和国成立后相当长一段时间内，教条式理解马克思主义的做法大行其道，认为马克思主义是医治一切问题的灵丹妙药。殊不知，正是这种教条化在很大程度上破坏了马克思主义哲学的科学性和完整性，将马克思主义哲学庸俗化和"大众化"（庸俗的大众化），甚至将马克思主义哲学推到了不被学界认同的境地。进入新世纪，另一种解读马克思主义的"纯学术"路径被开辟出来，从马克思主义解决人类生存发展本质问题的道路上跑偏，变成了书斋中的自娱自乐，从而彻底抛弃了马克思主义学术对现实关怀的崇高使命。

全球文化交往与文明对话，已是民族国家谋求发展特别是跨越式发展的先决条件。实际上，全球化本身就是一种对话而非完全意义上的趋同。这种对话的包容性，使得各种不同文化的多样性和共通性得以留存，同时，不同文明的不同特性也能得以留存。但这里有一个前提，多文化平等交流的平台本身是需要创造和共建的。我们必须本着文化差异性、多元性的宗旨，在承认多文化间存在不同的前提下，尊重不同文化的存在性和合理性，使世界文化体系向着共同发展的目标迈进，这才是创造世界文化交流平台的价值取向。

中国学术如何应对西方学术霸权的挑战而自立于世界文

明？ ^① 这里，我们可以作一个判断：社会科学的中国形态就是"中国社会科学"，必须以全球语境中的中国问题作为主要研究指向。基于这个判断，如果中国学界毫无主见和创见地崇尚西方文明和西方学术，甚至盲目过度地吸取其全部，那这就是一种不理性的甚至畸形的现象。不幸的是，刨除这种露骨的"借鉴"方式，中国学界还有一种研究方法：将有关的研究成果和方法统统建立在西方学术的研究框架和逻辑框架之下，或将有关中国问题的研究转化为西方学术话语和西方表达范式。这种"隐晦"的"借鉴"方式更彻底地使中国的社会科学失去了中国形态和中国特色，这样的研究方式和研究方法正在使中国的社会科学知识体系、理论体系和研究体系失去其独立性和创造性，因此其作为中国学术在世界范围的文明交往中的地位和基础也就相应地失去了。

这里讨论的问题，不是对西方学术和研究方法的绝对拒斥。因为构建和实现中国社会科学的自立性，不是说说这么简单的，这里有一个必要的前提——其本身必须是科学的，是一门科学，是科学的体系和系统。实现科学化同时也意味着吸取西方经验，同时以西方学术成熟的研究结果为对比点。有了这些积极的借鉴和对比，我们就能从中国实际问题出发来完善中国社会科学的研究体系，使之成为一门真正的科学。实现科学化，具有科学形态，同时以此为基础具备与世界文明交流和对话的能力和立场。

中国学术从合法化危机中走出来，就应该把"本土化"作为

---

① 这一问题的提出并不是建立在文化保守主义立场上的，社会科学在学术共通性方面的相互借鉴、借助西方学术在其产生的环境中对某些现象和规律的科学把握来扩大我们的研究视野，属于学术交流的范畴。

一个核心，"本土化"亦即"中国化"，这是指包括马克思主义中国化和世界文明成果的中国化。这里谈到的"中国化"，并非一种理论抽象或特质，也非一种简单的学术罗列或归类，是指一种理论（学术）照进现实的方式。在当代，马克思主义哲学是否依然成为现实的最迫切需求，关键点还是研究者们的理论旨趣或学术追求是否以此为指向；同时，其学术理论水平是否达到了现实需要的高度和历史发展的诉求。这是一个中国学者所应自省的角度，同时也是其所应担当的使命。

第六章

马克思主义哲学研究的未来道路

　　中国马克思主义哲学研究若想站立在时代的应有位置上，就必须用中国自己的方式来深层地表达那些现实中具有前沿性的问题，同时还要通过实现自己的复兴去为世界文明进步提供经验。

　　为了这个目标，我们就需要在人类社会发展和进步的历程中，及时掌握这个时代的品质和定律，同时还要在文化的继承和相互交流中去掌握当代学术的理论品质和源流考辨。当代中国正处于社会转型之中，我们正在进行的中国特色社会主义现代化建设和改革开放正是社会转型与变革的集中反映。在这一进程中，形成了两个基本的事实，其完全奠定了当代中国社会科学研究的根基：第一，形成了中国特色社会主义的理论成果，这些成果与马克思主义中国化是一脉相承的，同时又是与时俱进的，其对中国社会发展的重大意义在于回答了一个极其重要的理论和现实问题——在市场经济条件下怎样建设社会主义。第二，中国特色社会主义建设过程中的实际问题，对马克思主义哲学理论成果既是一种呼唤也是一种检验，这些基本问题既是对时代精神的中国诉求，也是中国马克思主义研究应该时刻关注的问题。

第一节　研究路径的选择

研究当代中国马克思主义哲学的发展，我们不免罗列一系列亟待解决的、极其繁琐的困境。但就本质而言，主要是在研究路径的选择上处理一些关系问题。

第一，实现中国学术的发展必须坚持马克思主义的指导地位。中国近代史的发展选择了马克思主义作为指导理论，这是实践检验的正确选择。马克思主义的指导地位必须坚持，这是哲学社会科学发展的基本要求，是中国近代以来历史发展的必然要求，是中国特色社会主义制度的本质要求。这三大要求归结到一起，其政治与阶级基础就在于，马克思主义是与中国最广大人民的根本利益以及中国实现民族独立、国家富强、人民解放的内在要求相一致的。

坚持马克思主义的指导地位，必须关注两个方面的逻辑关系：其一，坚持以马克思主义为指导，是要坚持体现其科学精神和本质原则的那些核心思想。马克思主义传入中国以来，不仅完全超越了西方资产阶级思想的桎梏性，对中国社会的发展和建设产生了根本性影响，而且最终确立为中国主流意识形态。此外更重要的是，马克思主义一经传入中国，就创造性地实现和发展了马克思主义中国化。但现在有一种学术倾向，那就是每每提及马克思主义，都认为这不学术，不具有学术性，反而是看到西方学者的文章和观点就趋之若鹜，认为其极具学术性、理论性和相当的研究价值。出现这种情况的原因，一是立场观点有失偏颇，在思想上出现了倒退，成为了西方学术的奴隶；二是这种学者不了解马克思主义，也不了解西方学术，由于其自身的局限，形成了盲目崇拜西方的种种观点，这种对西方理论的生搬硬套，就只能起到妨碍中国学术进步的消极作用。其二，坚持以马克思主义为指导，就必须在反对各种形式的教条主义中使理论在独立创造的基础上成熟起来，使中国的马克思主义在与各种思想体系的交流与交锋中更加具有中国特色，从而把马克思主义的理论原理真正融入中国的时代发展之中去。我们的研究者要始终关注时代前沿问题，准确把握时代特征，及时反映时代要求，这样的马克思主义才能更具有时代性，更好地为中国特色社会主义事业提供理论支撑和智力支撑。

第二，关注跨学科研究的重要价值。对于自然科学与人文科学的关系，马克思曾这样表述："自然科学往后将包括关于人的科学，正像关于人的科学包括自然科学一样：这将是一门科学。"[①]进行纵横式的社会科学研究可以有两种方式：一种是社会科学内在的各细分学科的融合和交错；一种是社会科学与其外部的数理科学、自然科学等学科的交织与借鉴。

当前，社会科学必须在"全球化"和"中国化"两种现实境遇中去研究问题。毋庸置疑，目前新自由主义已成为西方社会的意识形态主流，成为全球化进程中的思想主流，但我们已经看到其所带来的诸多现实问题和社会危机。出现这些问题和危机的根源就在于，新自由主义的许多理论假设的基础是不准确和不全面的，而这些假设又直接来自于现代化进程，因而仿佛成为了一种

---

① 《马克思恩格斯文集》第 1 卷，北京：人民出版社，2009 年，第 194 页。

理论自觉，因此没有经过现实的检验和批判而被全盘接受了。这样的谬误告诉我们，研究者需要一种综合式的眼光来判断和研究我们所处的现实。学科是分化的，但问题却是综合的。这就是说，全球化时代我们发现一切学术问题（植根于现实的真问题）都是综合性的问题，因此只在一个学科框架内完全无法找到问题的答案和解决途径。

如何建立面对问题的研究呢？现在实现这一目标的各种基础和条件都正在完善，因为各门类学科的发展轨迹都向我们展示着与全球化和科技革命紧密联系着的研究发展走向。正是问题的综合性，使得独立的学科丧失了解决综合问题的能力和必要性。面对这样的研究现状，社会科学必须在研究进路、研究方法等各个方面都做出跨学科的调整和努力。

具体到中国问题，在中国现代化的进程中已经出现了大量亟需解决的问题，这反映了时代对于综合式研究的呼唤和需求，同时昭示了中国社会科学研究的发展方向。这种动向直接推动了跨学科研究的发展，当然，这种研究是以问题为中心的。此种研究进一步发展的益处还同时体现在对各个学科的发展意义上，因为各个学科通过对其他学科的接触与借鉴，在研究方法、分析工具等方面都能得到裨益和帮助。以问题为中心推动学科综合，同时在综合的过程中发展每个学科，这是社会科学的一个重要动向。

第三，思想与现实的双重互动。当代的马克思主义哲学研究，就现实层面而言，必须直面各种理论思潮的挑战，比如新自由主义、普世价值、历史虚无主义等。就理论层面而言，许多研究者热衷于从西方或传统中去"挖掘"理论依据，以此来解释中国马克思主义哲学的特点和性质；抑或深陷于马克思恩格斯经典文本的围观考察，以个别字句或隐蔽性观点来解读和重构一个马克思。凡此种种都与马克思主义哲学革命的初衷相违背，由现实倒回了思辨，由实践倒回了考据。虽然思想性研究是基础性研究，绝不可偏废，但如若止步于此，则可能严重影响马克思主义哲学的发展。

正如马克思所言："凡是把理论导致神秘主义的神秘东西，都能在人的实践中以及对这个实践的理解中得到合理的解决。"① 实际上，对于文本或纯思想性研究的反思，不在于资料占有量的多寡，或其理解是否独特是否全面，每一种文本解读的背后都展现了价值观的印记。"在马克思主义的立场上，文本解读、话语霸权，本质上都是意识形态问题，只依靠解读是解决不了意识形态问题的，最终只能依靠实践。"② 因此，当代中国马克思主义哲学研究的继续推进，必须实现思想与现实双重互动。

思想与现实的贯通和互动，都要通过问题意识。在价值原则和科学原则中寻找统一，这当然也是一种辩证法。"辩证法，在其合理形态上，……对现存事物的肯定的理解中同时包含对现存事物的否定的理解，即对现存事物的必然灭亡的理解；辩证法对每一种既成的形式都是从不断的运动中，因而也是从它的暂时性方面去理解；辩证法不崇拜任何东西，按其本质来说，它是批判的和革命的。"③ 通过马克思这段对于辩证法的描述，我们从中可以认识到，辩证与批判之间的内在联系是，在批判中辩证，在辩

---

① 《马克思恩格斯选集》第 1 卷，北京：人民出版社，1995 年，第 60 页。

② 李潇潇、王海锋：《思想史与现实双重维度的马克思主义研究》，《中国社会科学报》2012 年 5 月 23 日。

③ 《马克思恩格斯全集》第 44 卷，北京：人民出版社，2001 年，第 22 页。

证中批判。学术与思想的贯通，基于辩证法更在于通过批判的方式，实现学术的客体尺度与思想的主体尺度辩证的统一。

批判的前提是经验与逻辑中主体与客体的对立统一，内涵是主体尺度与客体尺度的辩证统一，形式是主体对客体审视、思考、质疑、评价以及"否定之否定"之后的辩证运动。能够进行批判活动的事物，都是要谋求发展与进步的，"一切发展，不管其内容如何，都可以看做一系列不同的发展阶段，它们以一个否定另一个的方式彼此联系着。……任何领域的发展不可能不否定自己从前的存在形式"①。否定之否定，在批判中意味着在认识活动的第一个阶段即客观事实的反映阶段，要对事实进行第一次抽象性认识的"否定"，而基于这次否定活动所进行的第二次"否定"活动，在于对客观实在认识之后融入人的主体尺度的"否定"，在整个"否定"性的认识过程中即"否定之否定"。这一系列的"否定"认识中，第一次否定通常就是我们的学术性认知和认识活动，这一过程中科学的品格凸显，主体的意味单薄。而在第二次否定中，主体尺度融入其中，是对现实所进行的反思、评价等一系列活动，人的主体性会发生重要作用，会自发地将自己的价值判断或认识目的等置于其中。整个"否定之否定"的认识过程中，前一个否定完满地体现学术的科学性，后一个否定充分体现思想的价值性。学术与思想，只有在这一完成的"否定之否定"的批判性辩证认识活动中，才能得到统一。如若只是维持在第一次否定，学术只是学术，只能居于科学的品质，任何只在第一次否定中徘徊的认识，只能归为学术。只有将认识活动贯通在

———————

① 《马克思恩格斯全集》第4卷，北京：人民出版社，1958年，第329页。

"否定之否定"的完整的批判辩证活动中，才能实现学术与思想的真正的贯通。

20世纪90年代，中国学界普遍盛行的研究之风是，学术凸显，思想淡出。学术的凸显，意味着我们所有的研究活动沉浸在尊重事实的第一次否定之中。这种尊重事实的传统，有的学者认为是尊重了五四以来的科学精神，有的学者认为是摒弃传统哲学思想中自为、自由的做派。无论哪种说法，在积极的意义上体现着我们改进自身认识活动的不足，在消极的意义上是将宝贵的对于人的认识的自我反思与内省的传统放弃了。马克思认为，人的社会历史实践活动，不仅需要客观地进行事实的反映，同样也要将人的意义融入其中，人的主体与客体尺度本不因人为的某些原因而分离，或者"天各一方"。人和认识的同一与合一，不仅意味着人对于自然规律的尊重，也意味着对于自身价值的尊重与崇尚。

学术与思想，作为人的认识活动中最为精密与理性的一维，不仅需要依托对问题的能动性反映，也需要在认识原则上实现科学与价值的互动。更为重要的是，要完整地完成人的"否定之否定"的辩证认识，以主体与客体尺度内在批判性的否定实现最终的统一与贯通。在这个意义上，使得科学认识具有客观真理性。人们的思想，形成于对各种自然和社会现象客观基础之上的认识以及对这些客观现象的研究、反思、评价的再认识。在这种再认识中，人的主观性深深作用于客观性认识之上，强烈地体现着人的主体尺度，使各种客观事实在研究、反思与评价之后，都具有了人的价值意味，从而超越了原有的客观反映性认识，使得人的意义注入其中。

最后，让我们回到具体的当代中国马克思主义哲学本身。与实践唯物主义不同，历史唯物主义不仅是马克思主义哲学体系的核心部分，同时也是建立这一完整哲学体系的方法论。历史唯物主义的方法论意义虽然有时会被忽略，但实际上唯物史观不仅摧毁了唯心主义的窠臼，使唯物主义得以确立，使社会主义走向科学，而且更为人们认识社会历史发展规律提供了一套崭新的哲学思维方法。列宁曾说："历史唯物主义也从来没有企求说明一切，而只企求指出'唯一科学的'（马克思在《资本论》中的话）说明历史的方法。"①这完全表明历史唯物主义是具有方法论意义的。

我们不妨简要考察一下，马克思如何以唯物史观为方法研究人类社会历史。马克思认为，资本主义社会是人类历史"发展过程的完成的结果"，是"人类社会史前时期"的完结，又是人类真正历史的开启，所以资本主义社会是一种已经完成了的社会历史形态。在历史唯物主义的视域中，资本主义社会不再是我们所追求的最完美形式，它是人类已经完成了的社会形态。在此基础上，资本主义生产关系与生产力的对抗已经到达终点，必须有新的社会生产关系取而代之。如果继续将资本主义生产关系认定为永恒的社会生产形式，那么就会否定其历史性存在，认为这种形式不是结果而是永恒的过程。如此一来，就会对资本主义社会作出与西方经济学家相一致的判断："封建的垄断是人为的，即专横的；资产阶级的垄断则是自然的，即合理的"②。因为只有自然的，才是永恒的。若以这种典型的历史唯心主义支配我们对于资

---

① 《列宁选集》第 1 卷，北京：人民出版社，1972 年，第 13 页。
② 《马克思格斯选集》第 1 卷，北京：人民出版社，1995 年，第 176 页。

本主义甚至社会主义的理解，那么人类社会历史演进的过程将发生倒退，这是极端严重的后果。因此，唯有将资本主义社会视为历史性的存在，而不是永恒的自然存在，才能认清其本质"无非是那些统治个人的物质关系的理论表现"[①]。在历史唯物主义理论视野中，资本主义社会直接形式的"自然必然性"被消解，使得这种"自然必然性"成为了人类社会自由解放的最大阻力，必将被崭新的生产关系所破除。同时，与以往的旧哲学不同的是，是一种完全的新哲学，是以彻底的唯物主义方式破除障碍，这是马克思哲学革命的精髓。实现人类解放需要唯物史观，并不意味着已经实现了人类解放而由此获得此种历史观和价值观，而是为了不断实现人类的解放，我们必须时刻具有这种唯物史观。

在建构中国马克思主义哲学体系的过程当中，我们在探讨哲学本质问题的时候，也应该以唯物史观为方法论，客观地审视已经发生的哲学史。这里的哲学史不是纯观念的对象，而是与人的实践活动和思维活动以及社会现实密切相关的历史，并以规律性的思路来总结哲学史的发生与发展，以唯物史观的视角为不断实现的哲学体系建构而努力。

第二节　当今马克思主义哲学研究方式的自我批判

面对全球化大势与当代中国已充分展开的矛盾状态和现实问题，当代中国三大学术体系均面临着学术有效性的困境。这三大

---

① 《马克思恩格斯文集》第 8 卷，北京：人民出版社，2009 年，第 59 页。

学术体系分别是：以自由主义为底色的西方学术话语体系，以儒学为核心的中国传统思想体系，以教科书为标志的马克思主义传统话语体系。

作为第一种学术话语体系，其背后的诉求是使中国的问题西方化，以西方的成功经验促使中国走向西方的发展道路。正如布热津斯基所指出的："在民主形式的政府非常普及的时代，美国的政治经验似乎正在成为学习的榜样。全世界都日益普遍地强调成文宪法的重要性和法律高于政治的权宜考虑。不管这种强调在实践中有多大的欺骗性，它靠的正是美国立宪政体的力量。"① 尽管这位战略家给世界描绘了一个理性而美好的图景——"美国政策的最终目标应该是善良的和有眼光的：依照长期的潮流和人类的根本利益建立一个真正合作的全球大家庭。"② 但在这种"善良"和"眼光"背后的实质性内容却清晰地表明："与此同时，在欧亚大陆上不出现能够统治欧亚大陆从而也能够对美国进行挑战的挑战者，也是绝对必要的。"③ 布热津斯基这一"全球性大国"战略从其引证的亨廷顿的话得到了进一步的强化。亨廷顿所作的大胆断言是正确的："比起一个美国在决定全球事务方面继续拥有比其他任何国家更大的影响的世界来，一个美国不占首要地位的世界将是一个更加充满暴力、更为混乱、更少民主和经济增长更困难的世界。维持美国在国际上的首要地位是保障美国人的繁荣

---

① 布热津斯基：《大棋局——美国的首要地位及其地缘战略》，中国国际问题研究所译，上海：上海人民出版社，2007 年，第 23 页。

② 布热津斯基：《大棋局——美国的首要地位及其地缘战略》，中国国际问题研究所译，上海：上海人民出版社，2007 年，第 2 页。

③ 布热津斯基：《大棋局——美国的首要地位及其地缘战略》，中国国际问题研究所译，上海：上海人民出版社，2007 年，第 2 页。

和安全的关键，也是保障自由、民主、开放经济和国际秩序在这
个世界上继续存在下去的关键。"①

　　毋庸置疑，对于西方的学术思想，我们可以吸取其有益的成
分。但是不能从西方学术的主干中推演出中国的思想支脉，更不
能走西方政治家规定的道路。在世界历史的普遍交往中，中国不
能内在地成为实现美国全球性大国战略的重要因素，成为美国政
治仲裁者的跟班。历史逻辑和实践逻辑已经双重证明，它不符合
中国的利益，更不是实现中国梦的现实路径选择。

　　作为第二种学术话语，其理论动机是好的。它试图弥补当今
中国传统文化的缺位，它希望能够重新唤起被历史车轮所碾碎的
与现代化不相适应的传统思想。近代的历史也不断地表明，在西
方学术思潮东渐和马克思主义兴起的冲击下，传统文化渐行渐
远。作为一个有着灿烂文明的古国，重新唤起思想记忆对凝聚中
国精神和中国力量具有历史的价值，也必将发挥联系精神纽带和
贯通文化血脉的作用。但是以文化决定论的立场试图超越时空，
将现代政治的结构范型装进传统概念的笼子里，通过说文解字要
求"回到中国文化的内在理路来确立中国政治的发展方向"，仿
佛"王道政治""儒教宪政"这类概念具有某种超历史的独立性
的外观，可以规范"当今中国政治的发展方向"并使其具有合法
性。这类幼稚的天真忽略了社会形态的演变规律以及建立在农业
文明基础上的思想体系，在产生这一思想体系的历史活动已经彻
底发生社会形态变迁的环境下，其自身必然面临着如何跨越时代

---

① 塞缪尔·亨廷顿：《国际首要地位为什么重要？》，载《国际安全》1997 年春
　季号。

的问题。

启蒙思想的灯塔照亮了西方，马克思说，资本主义创造的生产力比以前所有时期所创造的生产力的总和还要多。但源于西方的启蒙话语在中国近代历史上却被迫中断了，封建母体并没有催生完整意义上的资本主义。资本的世界扩张，使中国作为资本夺得全球市场的工具而经历了资本主义主导的世界历史。自由、平等、个人主义、民主、宪政下的法治，这些基于启蒙思想成果的核心政治价值，在失去民族独立和国家主权的前提下只能随风飘逝、望洋兴叹。在中国面临被列强肢解的命运中，救亡的主题与中国共产党的历史担当构成了中国启蒙的核心。在这个历史背景下，马克思主义一经传入中国就超越了启蒙话语而成为时代变革的先导。在中国的现代化进程中，中华人民共和国成立以来的社会主义实践证明，马克思主义改变了贫穷的社会主义；改革开放，融入世界潮流，引导中国人民走出困境的仍然是马克思主义。但这一切并不能掩盖当今马克思主义传统话语体系，特别是马克思主义哲学在中国的学术生态中正面临着边缘化危机的现实，而破解边缘化危机首要的是实现马克思主义研究方式的转变。

阿尔都塞在《保卫马克思》一书中谈到"马克思主义哲学的地位是何等的岌岌可危"时尖锐地指出："有些马克思主义哲学家，为了让别人起码能听得下去，不得不把自己乔装改扮起来——他们这样做完全出自自然的本能，而不怀有任何策略的考虑，他们把马克思装扮成胡塞尔、黑格尔或提倡伦理和人道主义的青年马克思，而不惜冒弄假成真的危险。"①这种情况并非20世纪60年代法国马克思主义研究领域所独有，当今中国马克思主义哲学界也出现了类似的情况。尤其是引入了"范式"概念之后，在强调范式转换的语境中，关于马克思主义哲学研究必须借助西方哲学思想的"中介方法"就变得合法化了。依据这一合法性，在研究领域学术地呈现了多元的马克思及其思想表达。从身体的到日常生活的到纯粹形而上学的，不同层次地探索谱写了马克思哲学的全新图景。表面上看，多元化的研究方式显示了学术的繁荣景象。但问题在于，如果范式转换的结果使马克思主义哲学研究变得越来越成为远离现实的"独立的哲学"，使马克思主义哲学的整体性被恣意地分解到不同的范式框架中，那么"范式热"就不仅只是貌似深刻的修辞学的花样，而是从根基上彻底颠覆了作为唯物史观创始人的整体形象。

这种复活的哲学幻想，也即试图用思想或语言独自组成特殊王国的"思维着的精神"，在马克思创立唯物史观的时期，在德国思想界就普遍地存在过。那些自称为"真正的社会主义者"的研究方式完全陷入了非历史主义的抽象还沾沾自喜。这种非历史主义的抽象的具体表现是：德国的著作家接受了英国和法国的某些共产主义思想，立刻就直接把这些思想和自己的德国哲学前提混为一谈，从而使英国和法国的共产主义思想具有了德国哲学的性质。马克思尖锐地洞察了这一过程完全是在精神的太空中完成的。这些理论家将外国的共产主义文献看作是纯粹的理论的著作，彻底割裂作为现实运动的表现和产物的这些著作与一定国家

① 路易·阿尔都塞：《保卫马克思》，顾良译，北京：商务印书馆，2010年，第9页。

里一定阶级生活条件的总和的基础联系，从而按照他们所设想的德国哲学体系的生产方式那样，进行纯粹的思想对接。他们在完成了历史基础向思想基础的转化后，便夸夸其谈"最合理的"社会制度。马克思指出："他们把这些共产主义的体系、评论和论战性著作同现实运动割裂开来，其实这些体系、评论和著作不过是现实运动的表现；然后，他们又任意把这些体系、评论和著作同德国哲学联系起来。他们把一定的、受历史条件制约的生活领域的意识同这些生活领域割裂开来，并且用真正的、绝对的意识即德国哲学的意识来衡量这个意识。"[1]

同样性质的思维方式，晚年马克思在俄国民粹派那里也碰到。俄国民粹派的代表将马克思的历史概述与历史内容割断并加以教条化。对于"俄国的伟大学者和批评家"的请教，即一定要把马克思关于西欧资本主义起源的历史概述彻底变成一般发展道路的历史哲学理论，一切民族，不管它们所处的历史环境如何，都注定要走这条道路。为了避免各种哲学的神秘主义，马克思在作出答复之前明确说："我不喜欢留下'一些东西让人去揣测'，我准备直截了当地说。为了能够对当代俄国的经济发展作出准确的判断，我学习了俄文，后来又在许多年内研究了和这个问题有关的官方发表的和其他方面发表的资料。"[2]在马克思看来，使用一般历史哲学理论这一把万能钥匙，永远达不到把握历史本质的目的，因为"这种历史哲学理论的最大长处就在于它是超历史的"。

---

[1] 《马克思恩格斯文集》第 1 卷，北京：人民出版社，2009 年，第 589 页。

[2] 《马克思恩格斯文集》第 3 卷，北京：人民出版社，2009 年，第 464 页。

透过马克思思想发展的轨迹，我们看到，"在思辨终止的地方，在现实生活面前，正是描述人们实践活动和实际发展过程的真正的实证科学开始的地方"①。通过对青年黑格尔派解体过程的反思与批判，借助政治经济学将哲学思维深入到市民社会，从"神圣家族""哲学贫困"的批判性话语向辩证的历史的唯物主义建构性话语的根本性转化，马克思在《德意志意识形态》中的这一宣言式的论断，才真正称得上是表征哲学革命的范式转换。因为"关于意识的空话将终止，它们一定会被真正的知识所代替"。马克思以自己终生开创的学术传统，深刻揭示了资本主义现实存在的社会关系基础及其制度性质，使无产阶级真正认识到自己所处历史地位的所有制根源，指明了实现人类解放的社会历史条件和现实路径，从而彻底从思辩哲学转向实践哲学，从解释世界的哲学转向改变世界的哲学。

面对种种"范式革命"与经典思想之间所存在的这种异质性，文本与现实的关系问题、割裂问题以及转化问题被推到了关乎马克思哲学的性质和学术传统的至关重要的地位。那么，实现何种学术研究范式的转换以及如何实现学术研究范式的转换才是合理的、进步的、有效的？

"范式"通过一个具体的科学理论为范例，表示一个科学发展阶段的模式。T. 库恩的这一主张在哲学科学化的过程中发挥了巨大的作用。在一些哲学家看来，哲学发展的过程也有着类似的情况，即哲学发展的过程也是一个"范式"不断发生转换的过程。因此，这一概念被植入了哲学发展的历史分析之中。应该

①《马克思恩格斯选集》第 1 卷，北京：人民出版社，1995 年，第 73 页。

说，借鉴这一概念来解释哲学发展的历史过程，具有一定的合理性。但是伴随着时间的推移，这一概念在中国哲学界却被泛化了，使得范式的概念超越了其原来的意义，而演变为一种"标准"。随着诸如"回到马克思"口号的提出，范式的"标准"又进一步演变为"文本"的"标准"。但这一"标准"的形成，却禁锢了真正研究范式的转变，使研究往往停滞于文本的表面，而无法深入思想的深处。

新康德主义提出"回到康德去"，原创性地开辟了价值哲学，不仅深刻影响了思想界，对法学等学科也具有深刻的知识转型与奠定基础的意义。价值有效性高于一切，正如德国哲学家 W. 文德尔班所言："所以，哲学虽然走过一条极其崎岖不平的弯路，但最终能够回到康德关于普遍有效的价值的基本问题上来"[①]。"回到康德去"迅速成为重要的文化思潮，以至美国哲学史家 F. 梯利认为，"几乎每一个有声望的德国思想家，都在某一方面属于新康德派"[②]。

"回到马克思"在中国最初的动机是针对教条主义的积弊：把马克思主义词句化，脱离思想，脱离思想的整体构成，抽象为学术判断的尺度和适用一切的绝对真理。教条主义的一个特点就是"放之四海而皆准"，不顾理论产生的时间和条件，也不随时间和条件的变化而变化。反过来，当我们今天根据变化了的情景来确定马克思主义哲学的性质的时候，比方说认定马克思主义哲学就是实践唯物主义，我们也需要通过文本研究乃至考证来找到

---

① 文德尔班：《哲学史教程》下卷，罗达仁译，北京：商务印书馆，2009 年，第405 页。

② 梯利：《西方哲学史》，葛力译，北京：商务印书馆，1995 年，第 537 页。

支持这一判断的文本依据。这样看问题，破解教条主义的学术方式必然要求将抽象的词句返回到马克思文本的"原初语境"来考察其历史涵义和适用范围。正如张一兵在《"回到马克思"的原初理论语境》中所强调的是为了"重建我们从未达及的全新（文本阐释）的历史视域，以使我们真正有可能重新建构马克思思想的开放性和当代生成"[①]。然而出乎提出者意料的是，这一"当作消除教条主义的深虑的工具"却在持久的解释学转向中制造了各种"想象的马克思主义"。"回到马克思"在文本化的研究热潮中并没有获得返本开新的结果，也未见得开辟了创造性的思想谱系和研究路径。为了哲学时代化而回到创造性的前提是非常必要的，但今天来看，对马克思主义哲学研究和创新在一些研究者那里却变成了概念过多的花样翻新。有学者指出："如果文本学研究可以脱离马克思的思想核心和问题逻辑，这种孤立的知识考古也只具有孤立的意义；如果单向度的命题演化可以开辟出马克思哲学的独立的研究领域，这种离开马克思的思想整体的碎片化研究也只能在某个局部显示出微弱的价值；如果从每一个研究主体的自我意识出发都可以构造出一种马克思哲学的学术范式，那么这本身就等于宣布了马克思哲学研究的危机。"[②] 这启示我们，文本与现实之间不能为了学术化而人为地设置不可跨越的鸿沟，文本中的现实与现实中的文本必须统一于人们的实践活动。只有在实践基础上把握文本的现实化和现实的文本化之间应有的张力，才能为创造性研究开辟新的道路。

[①] 参见叶汝贤、孙麾主编：《马克思与我们同行：新世纪马克思哲学研究》，北京：中国社会科学出版社，2003 年，第 133 页。

[②] 孙麾：《马克思哲学的学术传统与问题意识》，《哲学研究》2009 年 3 期。

从根本上讲，文本与现实的关系问题并不应该是一个棘手的问题。但在实际的研究过程中，人们将其对立起来，甚至过分夸大两者的内在对立。由此导致的结果是：人们要么执着于现实，对现实只作浮于表象的解析；要么执迷于文本，对文本只作文献学意义上的史料分析，从而人为地在两者之间"挖掘了一条峡谷"。可以说，这种学术研究的思维模式已经影响了中国学术理论创新的进程。在我们看来，任何一种思想的产生都有其丰富的时代景观。因此，要真正理解这一思想，就必须深入思想产生的政治、经济、文化和社会生活的各个层面，就必须透彻地理解这一思想产生时期的各种理论思潮。同样，正是因为任何理论都具有时代性，所以要挖掘和彰显思想的当代价值，丰富其内涵，赋予其以新的生命力，文本就必须面对现实，面对已经变化了的现实。对于中国的学术研究而言，当前最大的现实就是对"我们正在做的事情"作出符合实际的理论表述，包括中国特色社会主义道路的谋划和中国梦的实现方式，以及在这个过程中我们所遭遇到的各种深层问题和激烈冲突的矛盾，如何将这些问题转化为学术命题，正在考验着有责任、有担当的哲学社会科学研究者。

哲学研究的思想路径主要有两个：一是表现为哲学史中堆积的"材料"在研究者眼中的复活；一是经验基础上的哲学思维离不开发现问题的实践性眼光。陈先达将两者概括为"哲学中的问题"与"问题中的哲学"，并指出马克思主义哲学"最为突出的不是研究哲学中的问题，而是问题中的哲学"①。因此，马克思主义哲学家不能单纯以注经释义为最高意旨，而应该以自己的哲学

---

① 陈先达：《哲学中的问题与问题中的哲学》，《中国社会科学》2006 年第 2 期。

参与改变世界的实际活动，并从中提炼哲学思想。

1843 年，马克思在《德法年鉴》的办刊方针中就阐明了该刊的目的是对震撼整个欧洲社会的各种问题作出哲学和政治的回答。"它将通过思想向现实迈进。哲学始终把它导向政治领域。它不会满足于在孤立的概念中止步不前，它将努力参与现实生活，尽一切可能改变和改造现实生活。"① 正是在"通过思想向现实迈进"的指导下，马克思超越了卢格，发表了《〈黑格尔法哲学批判〉导言》和《论犹太人问题》两篇经典文献。《马克思传》的作者梅林评价到："这两篇文章的相互关系正如方法和目的的关系一样。第一篇从哲学上概述了无产阶级的阶级斗争，第二篇则从哲学上概述了社会主义社会。但两篇文章都不是突然产生的，而是显示了作者思想发展的严密的逻辑连贯性。"②

与马克思发现问题、研究问题的方式不同，当前的学术研究更倾向于，甚至更热衷于以现有的经典文本来套用现实甚至规范现实，从而在主观意识中使现实趋向文本或表现为文本中的现实。一是在理论幻想中大话连篇，以为在不触动实际的前提下空喊几个名词就能达到以马克思的名义描画出来的愿景；一是在经典文本中制造"部类"或在"原初的""次生的""再生的"分类法中将马克思整体思想拆卸成便于孤立考察的原子化标签，这无非是将马克思的完整思想重新按照主观意识编排出另一个新的版本。中国的马克思主义哲学发展到今天，为什么变得如此缺乏学理？或学理变得越来越远离马克思？以上研究的路径值得我们深

---

① 《马克思恩格斯全集》第 3 卷，北京：人民出版社，2002 年，第 662-663 页。

② 弗·梅林：《马克思传》，樊集译，北京：人民出版社，1965 年，第 86 页。

刻反省。

基于主观逻辑的方法所形成的范式，把马克思主义哲学的研究禁锢在僵死概念的框架中，无法把现实的问题提升到应有的理论高度，结果造成了现实问题和理论问题的分离，这就阻塞了理论通向现实的道路。

我们应该允许多元学术思潮的存在，但在现代社会中，应该有一种引领性的思想。在三大思想体系的困境中，究竟哪一种学术思想体系能够脱颖而出？能够真正对中国的学术有一种担当，能够确立一种真正的以人民为本位，涉及更大多数人利益的价值立场，从而成为实现中国梦、推动民族伟大复兴的思想引领。这里的关键是，马克思主义在这一过程中如何重新获得学术有效性，能否基于中国实践对中国难题的破解形成新的话语体系，至少成为建构当代中国学术话语体系的核心指导思想，从而产生它实践的有效性。这样对马克思主义提出问题的方式显然超越了对马克思主义作空洞辩护的思维模式，超越了把马克思主义当作教条的思维模式，这是马克思主义焕发生命力的重大突破。这才是以中国问题看待思想体系的高度。

第三节　唯物史观视域中的文化限度问题

把思想和概念看作是决定性的原则，是文化观上的唯心主义特征。利用对现有事实的否定谋求对应有价值的肯定，这种逻辑预设是西方意识形态渗透的惯常手法。人们的精神交往不管以何种方式框定在何种理想中，它还是人们物质关系的直接产物。当前一些学术研究所标榜的以"价值中立"方式对理论或现实问题的探讨，实际上是基于其内在要求并存在一定政治价值取向的，即利用学术的一般性、普遍性来谋求某种特殊的现实利益。马克思打破了德意志意识形态不是曲解人类史就是完全撇开人类史的思辨本质，以唯物史观的科学性阐明了对人类社会历史变迁的考察。马克思主义中国化的理论成果，并非是自然的理论逻辑演绎或沿袭其他文明的结果，而是根植于中国实际物质基础之上的认识与判断的理论结晶。

当今在中国精神文化领域，世俗化的、功利化的研究目的日益取代了严肃的学术责任，而国家的需要却强烈呼唤着新的时代精神。被誉为时代精神之精华的哲学沉闷在书斋中，面对重大现实问题和难解的社会矛盾，哲学以它的麻木再也无法与改革开放之初的先导作用相提并论。也许，目前哲学所遭遇的是历史发展过程中的一个阶段。在这个阶段之后，只有当我们不再忙碌于琐碎的事物，回到理性的沉思，哲学的曙光才能再次出现。这意味着，我们必须敏感地面对现实所呈现的矛盾，客观地评估当下，反思所走过的学术轨迹，唯其如此，才能有新的未来。

在马克思刚登上哲学舞台的时代，所有的德国哲学家们都断言：观念、想法、概念迄今一直统治和决定着人们的现实世界，现实世界不过是观念世界的产物。因而"德国唯心主义和其他一切民族的意识形态没有任何特殊的区别。后者也同样认为思想统治着世界，把思想和概念看作是决定性的原则，把一定的思想看作是只有哲学家们才能揭示的物质世界的秘密。"[1]

---

[1] 《马克思恩格斯全集》第3卷，北京：人民出版社，1960年，第16页。

当然，在哲学的自我放逐中求索哲学家个体的精神家园，在思想贫困中开掘思想者个人偏好的富矿，并不意味着我们就可以毫无顾忌、不加批判地继承各种理论思潮，更不意味着我们必须放弃一直以来马克思思想精髓中必须坚守的具有唯物史观性质的理论基础。相反，它更加激励着我们以百倍的勇气和信心去迎接挑战。迎接挑战并不是以应对模式回应西方提出的问题，也不是以一种思想反对另一种思想。这些主观层面的论战虽然可以按照西方设置的议题形成短暂的文化交往，但并不反映问题的真实性。因为"每一时代的社会经济结构形成现实基础，每一个历史时期由法律设施和政治设施以及宗教的、哲学的和其他的观点所构成的全部上层建筑，归根到底都是应由这个基础来说明的"[①]。学术研究离开了现实的基础，很容易变成世界之外的遐想。

即使是学术研究中所表白的那种以"价值中立"的方式对那些理论架构与范式的探讨，也始终是基于其内在要求和一定的政治价值取向的，即利用学术的一般性、普遍性来谋求某种特殊的现实利益。研究者们所谓的思想碰撞不过是其自身建构的概念和立场的纠结，最终直接作用在现实的政治等一系列利益博弈中。塞缪尔·P.亨廷顿在《变动社会中的政治秩序》中写道，政治维度上的发展常常未能跟进社会现代化进程，从而招致政治无序。国家机构相应地也无法跟进民主机构的发展。这一结论对于美国以及美国积极进行民主推广的那些"民主国家"，具有基于本国利益和意识形态的战略性。在行动上它强调通过支持"专制国家"中的公民社会，扩大抵制独裁者的动员力量，并在民主的轨

---

① 《马克思恩格斯全集》第 19 卷，北京：人民出版社，1963 年，第 225–226 页。

道上得以体制化。

当我们在被赠予的转型设计的美好图景中沉醉时，应该在哲学层面反思：观念、思维、人们的精神交往，不管以何种方式框定在何种理想中，在这里它还是人们物质关系的直接产物。

马克思打破了德意志意识形态不是曲解人类史就是完全撇开人类史的思辨本质，以唯物史观的科学性阐明了对人类社会历史变迁的考察。"必须时刻把下面两者区别开来：一种是生产的经济条件方面所发生的物质的、可以用自然科学的精确性指明的变革，一种是人们借以意识到这个冲突并力求把它克服的那些法律的、政治的、宗教的、艺术的或哲学的，简言之，意识形态的形式。……这个意识必须从物质生活的矛盾中，从社会生产力和生产关系之间的现存冲突中去解释。"① 那些谋求在学理上去政治的价值立场以及规避意识形态斗争的最终动机，都是利用对现有事实的否定来谋求对应有价值的最终肯定。就连福山也不否定这一点，他说："人们一旦对世界发展形成思维定式，即使在现实中遇到矛盾证据，也会固执己见。"② 任何意识形态都是饱含"阶级的意向的意识形态"③。一个阶级的政治代表和著作代表，他们在理论上得出的任务和作出的决定，也就是他们的物质利益和社会地位在实际生活上引导他们得出的任务和作出的决定。统治阶级对自身生存方式的自我意识转换为意识形态，便成为一种自我意识社会化的政治图谋。"以观念形式表现在法律、道德等等中的

---

① 《马克思恩格斯选集》第 2 卷，北京：人民出版社，1972 年，第 81–83 页。

② 福山：《衰败的美利坚——政治制度失灵的根源》，载美国《外交》(*Foreign Affairs*) 双月刊 9/10 月号。

③ 《马克思恩格斯选集》第 4 卷，北京：人民出版社，1995 年，第 256 页。

统治阶级的存在条件（受以前的生产发展所限制的条件），统治阶级的思想家或多或少有意识地从理论上把它们变成某种独立自在的东西，在统治阶级的个人的意识中把它们设想为使命等等；统治阶级为了反对被压迫阶级的个人，把它们提出来作为生活准则，一则是作为对自己统治的粉饰或意识，一则是作为这种统治的道德手段。"①

对马克思精辟分析的一个现实注解就是苏联解体的基本教训：对于意识形态的国家主导权被放弃为纯粹自由状态的民众自发性意识，意识形态的基本内容在学理上看似固化的状态，突然间由事实的否定而彻底抛弃了。在汹涌的西方引导的"民主化"浪潮中，苏共脱离其赖以存在的基础，呼应了西方意识形态的变革诉求，一旦经济基础和政治制度的制约力被外在的意识所强制变换，变更的思想和价值取向将否证既有的事实。苏共亡党的悲剧表明，抽象的意识形态看似是课堂里辩驳双方的逻辑推演，一旦完成了以外在逻辑替代事物发展的内在逻辑的过程，消解了民族的思想根系，事实上的意识形态则血淋淋地展现在每一个人眼前。

马克思主义中国化的理论成果里，并非是自然的理论逻辑演绎，而是根植于中国实际的物质基础之上的认识与判断。不断地适应物质生产的要求对于物质生产关系的追求和变革，使得与之相适应的认识方式和价值判断随之变化。正如"在现代国家中，法不仅必须适应于总的经济状况，不仅必须是它的表现，而且还必须是不因内在矛盾而自己推翻自己的内部和谐一致的表现"②，

① 《马克思恩格斯全集》第 3 卷，北京：人民出版社，1960 年，第 492 页。
② 《马克思恩格斯全集》第 37 卷，北京：人民出版社，1971 年，第 488 页。

甚至"一定时代的革命思想的存在是以革命阶级的存在为前提的"①。马克思主义意识形态理论从不假借意识自身的逻辑演绎来探索真理的认识，从不只是单纯地和思维材料打交道，其基本功能和动力来源于对现实社会的根本性认识，彻底地看清所处时代的所有问题，并以此建立符合实际要求的理论解释体系。通过认识能动性的批判精神，不断地创造理论与事实的最高统一性，使实践的真谛现实地作用于每一次认识，这就是马克思主义意识形态理论作为批判武器的根本任务。

自约瑟夫·S.奈 1990 年在《美国注定领导世界？——美国权力性质的变迁》中首次提出"软实力"概念以来，文化吸引力就成了被崇奉的对象。因为美国既拥有传统的经济、军事的硬实力优势，又拥有文化、价值观和国民凝聚力等新型的软实力优势。只要能够将这些潜在的权力资源转化为实际的影响力，美国将能领导世界。②用文化领导世界，是美国的新梦想，强权政治在建构世界一统的帝国思想体系中需要一种统摄人心的软手段，其核心价值推广到全世界需要文化载体。

法国当代著名思想家 E.莫兰说："人类的统一性不仅不顾多样化而存在，而且正是依靠社会文化的多样性才被保持下来。"③全球化理论的核心在不断的历史和现实的演绎中，最终会渗入对文化与知识体系的解读之中。利用文化来图解经济的普遍全球

---

① 《马克思恩格斯选集》第 1 卷，北京：人民出版社，1995 年，第 99 页。

② 参见约瑟夫·S.奈：《美国注定领导世界？——美国权力性质的变迁》，刘华译，北京：中国人民大学出版社，2012 年。

③ 埃德加·莫兰：《迷失的范式：人性研究》，陈一壮译，北京：北京大学出版社，1999 年，第 183 页。

性，其合理性与矛盾性尤为突出。文化是民族的血脉，是人民的精神家园。2014 年 10 月 15 日，习近平总书记在文艺工作座谈会上讲话时指出："中华优秀传统文化是中华民族的精神命脉，是涵养社会主义核心价值观的重要源泉，也是我们在世界文化激荡中站稳脚跟的坚实根基。"[①] 在世界历史的长河中，各个民族都创造了属于本民族、具有本民族特色的文化，历史地形成特定的文化共同体，这点决定了文化必然是多样的。但在全球化的时代，特别是被操纵的全球化时代，一种基于经济一体化的一元文化思潮席卷而来。那么，文化能否也随之一体化？是否能用一元的文化特质来解读多元的文化问题？要弄清文化的本质，从利用文化来解决全球化的视角来说无疑是不可行的。因为文化的功能化并不是其本质，文化有解释因经济、政治、科学等知识体系衍生出的矛盾，但并不会在根本上解决这些矛盾。所谓由文化而衍生出的对于"文明"的详解，使得因客观矛盾而自然深入为文明的矛盾这种单一的深刻反省是荒唐而狭隘的。利用文化而进一步设置文明冲突的价值逻辑陷阱，其内在用意的不可告人性并非显而易见，而是"讳莫如深"。因此，利用文化的多样化与同质化之间的矛盾等诸如此类的问题，就不是简单的事情，而被某些以"世界最先进文明"自居的国家演化为一种意识形态的问题。

对于发展中的中国来说，我们有理由坚持自己的主张，我们承认文化的多样性，也主张文明之间的对话，这样的对话应该是基于包涵文化的本质多样性与文明的平等地位。在一个普遍的多元而认同平等的层面上，实现利益诉求与对话方式上的平等，才

---

① 习近平：《在文艺工作座谈会上的讲话》，北京：人民出版社，2015 年，第 25 页。

有利于身体。如果不是这样，再好的东西不被我们消化，一切都是无用，而且很可能因不适应而葬送自己的性命。

在全球化的背景下，所有理性陷阱、矛盾、逻辑阴谋的对话与冲突中，如何坚持当代中国自身的文化理念和价值选择将关系到国家存亡。2013年12月30日，习近平总书记在中共中央政治局第十二次集体学习中指出："当代中国价值观念，就是中国特色社会主义价值观念，代表了中国先进文化的前进方向。"而这个先进文化的前进方向正是中国道路前进方向的表现。一切不以国家存亡为根本目标的研究，在诸多花哨的保持这个那个性质的理论"诈骗"中，把如何科学地回答在市场经济条件下如何建设社会主义的问题看作只是简单的文化问题的认知，将最终葬送我们的事业。保持中华文化的特殊性，用智慧去凝聚所有有利于中国特色社会主义理论体系建构的理论及其表征，是中华文化与中华文明的拥有者和传承者的我们所要做的一件重要的事。中国共产党人在中国历史上这个特殊的时期所被赋予的特殊历史使命，使得其自身的学术理论和实践理论建构都与这个国家、民族和自身的命运息息相关。因此，每一个研究者面对的历史使命和客观现实，都必须倍加感到紧迫。如何运用自己所学和自身的理性思维能力去服务于这个历史使命和现实要求，不仅仅是一句责任的承担那样的简单。需要我们去剥离和分清种种干扰的理论，并建立自己强大而坚实的思想体系，应对各种理论假说的挑战，实现认识上、思想上、价值观上的坚定与正确。

切记："哲学并不像密涅瓦对众神和众生现形那样，会在这个世界上自行出现。仅仅就它占据一个立场而言，它才是存在的，并且，仅仅就它在已被别人占据的世界的最中心夺取了一个是我们所要考虑与研究的根本性问题。无视这种本质的存在，妄图利用现实的实力实施"霸权"行为的举动，都将与国家主权的根本相抵触。

　　一个社会集团的霸权地位表现在两个方面，即"统治"和"智识与道德的领导权"。一个社会集团统治着它往往会"清除"或者甚至以武力来制服的敌对集团，他领导着同类的和结盟的集团。一个社会集团能够也必须在赢得政权之前开始行使"领导权"（这就是赢得政权的首要条件之一）；当它行使政权的时候就形成了统治者，但它即使是牢牢地掌握住了政权，也必须继续以往的"领导"。[①] 英国马克思主义文化理论家 L. 威廉斯深刻指出，以上 A. 葛兰西的文化领导权思想让人们更加清晰地认识到，对人们的生活具有决定性意义的不仅是观念、信仰的意识体系，而且还有构成主导性意义和价值的活生生的整体社会过程以及各种文化权力的影响和分配状况，"它们实际上渗透了当下生活的整体过程——不仅渗透在政治活动和经济活动中，也不仅渗透在明显的社会活动中，而且还渗透在由业已存在的种种身份和关系所构成的整体中，一直渗透到那些压力和限制的最深处"[②]。

　　利用文明共识论建构的文化和解、文化多元、文明多样、文明平等这类内涵的理论，是在最大的认识程度上实现"最大公约数"的有效可行性。这种"最大公约数"的理论建构，包含着所有人类的理性与感性、历史与现实、事实与价值，它也许是在人

---

① 参见安东尼奥·葛兰西：《狱中札记》，曹雷雨等译，北京：中国社会科学出版社，2000 年，第 38 页。

② 雷蒙德·威廉斯：《马克思主义与文学》，王尔勃等译，开封：河南大学出版社 2008 年，第 118 页。

类历史上超越一切意识的最大范围的人类共识。但正如马克思所言："只要阶级的统治完全不再是社会制度的形式，也就是说，只要不再有必要把特殊利益说成是普遍利益，或者把'普遍的东西'说成是占统治地位的东西，那么，一定阶级的统治似乎只是某种思想的统治这整个假象当然就会自行消失。"[①]这也就决定了，超越意识形态的鸿沟而实现文化认同的复杂性和艰巨性。在以西方为代表的"资本主义国家"看来，只有他们才代表了人类的方向，他们才是人类历史的终结。正如匈牙利经济学家 J. 科尔奈乐观地表达的那样，"现存的（或到今天为止的）社会主义制度输给了现存的（或到今天为止的）资本主义制度。这不是一个价值判断，而是一个可观察而且由统计数据说明的事实。至此，在西方文明的世界中，历史发展的主要趋势是向着资本主义制度的扩张。创造社会主义制度的一系列艰难困苦的行动偏离了这个主要方向"[②]。但事实并非如此，可以这样说，国家利益的存在、人类资源的有限等都决定着资本主义国家不会坐视社会主义的强大。在他们的眼中，社会主义的强大和发展实际上意味着他们的利益将被剥夺，他们生活的品质就要受到威胁，因此他们对社会主义的敌视就不会消失，而所谓的人类和解也就无法实现。

所有知识论的妄想就是：用理性自觉来获得共识。自苏格拉底以来，古希腊理性思辨的传统就将人们的所有目的都引向了理性范围自身。在没有对理性进行任何内涵性定义的情况下，就用理性的原始意味进行所有有关人类问题的解读，往往只是停留于

---

① 《马克思恩格斯选集》第 1 卷，北京：人民出版社，1995 年，第 101 页。

② 雅诺什·科尔奈：《中东欧大转型：成功与失望》，《中国社会科学》内部文稿。

理性自身之中。直到打破理性传统的非理性主义的出现，才使得对于理性的质疑与考量成为一类话题，人们才从逻辑上摆脱了理性绝对主义的至上论。今天，德国哲学家 J. 哈贝马斯强调的"交往理性"，依然贯穿着"完全合乎理性标准的正确对话必定能够产生一致认可的理解"这样的信念。可惜，哈贝马斯依然还是沉迷于理性的绝对之中，将理解与接受这个看似无可厚非的理性话题，完全地默认为理性自身，孰不知理解与接受是知识论和价值论两者共同作用的结果，而非理性主义自身的逻辑演绎。理性的演绎促使人们讨论的是由现实而上升为理性抽象的东西，这种东西里人们只能谈相互能够接受并可以谈的问题，在生活中有些东西恰恰是不能谈的。例如气候变化问题，发达资本主义国家为何不愿意首先进行减排？为何要与发展中国家制定同一个标准？且不说为了理性地回答一个抽象发展的问题，事实上看很多发展中国家利用其比较优势制造的大量商品出口到发达资本主义国家，但结构性的问题更加凸显，即借助于高能耗与污染性产业和资本的跨国转移，环境公害或排放负担以更加普遍化模式转向广大发展中国家。"共同但有区别的责任"原则如何在发展与均衡中落实，也就是说，应理性而产生的所谓"接受问题"必然要在纯粹理性之上的现实政治层面展开。国际"碳政治"首先应该是一种"正义政治"或"希望政治"——以更加公平与公正的方式、规则和秩序来处置当代人类社会面临着的环境与发展挑战。[1]异乎寻常地使用理性来替代对于现实价值问题的诉求，是逻辑陷阱替代政治陷阱乃至利益陷阱的阴谋。至于用对话的方式来破解阴谋

---

[1]　参见陈俊：《我们彼此亏欠什么：论全球气候正义》，《哲学研究》2012 年第 7 期。

而采取的种种手段，我们都需要完成所有的理性"运算"才能实现对于问题的解决。

只要我们还是理性的，并身处利益的漩涡之中，那么所有的政治生活，这种以实现利益为最高准则的生活方式都必然地从根本上影响每一个人。在其所约定俗成的实施办法中，用一切基于理性范围内的合理手段，都有可能成为理性的陷阱而不断在人们的政治生活中上演无数"好戏"。

所谓世界一体化就是在资本操控下的一体化，是各种一体化要素之间的强大精神力量的博弈。现代文明以科技为基础、以软实力为手段的霸权主义，从来就没有停息对其反对势力和其价值观念有悖的势力的攻击和诋毁。对此，《共产党宣言》早就作了深刻的揭示。第一，"资产阶级除非对生产工具，从而对生产关系，从而对全部社会关系不断地进行革命，否则就不能生存下去。""生产的不断变革，一切社会状况不停的动荡，永远的不安定和变动，这就是资产阶级时代不同于过去一切时代的地方。"第二，现代资产阶级社会"迫使一切民族——如果它们不想灭亡的话——采用资产阶级的生产方式；它迫使它们在自己那里推行所谓的文明，即变成资产者。一句话，它按照自己的面貌为自己创造一个世界。"第三，"资产阶级日甚一日地消灭生产资料、财产和人口的分散状态。它使人口密集起来，使生产资料集中起来，使财产聚集在少数人的手里。由此必然产生的结果就是政治的集中，"①包括文化的集中。这表明，所谓的"为了人类共同利

① 参见《马克思恩格斯选集》第1卷，北京：人民出版社，1995年，第275-277页。

益而要团结起来"，"有一个普世价值"等都不过是资本主义的口号而已。其背后所隐藏的并不是简单的"博爱"与"自由"，而只是一个巨大的幌子。

恩格斯在对历史动力的阐释中指出，世界文明总以前进为唯一总方向，人类任何条件和目的都将趋于这一总方向而形成一个总合力，"每个意志都对合力有所贡献，因而是包括在这个合力里面的"①。在世界文化交流的语境中，恩格斯的结论是合理的。以上一些事实表明，教条地理解西方学术将严重干扰我们的判断，有碍于对中国问题的本土化认识与解决。

列宁曾经指出："哲学史和社会科学史都十分清楚地表明，马克思主义同'宗派主义'毫无相似之处，它绝不是离开世界文明发展大道而产生的一种故步自封、僵化不变的学说。恰恰相反，马克思的全部天才正是在于他回答了人类先进思想已经提出的种种问题。他的学说的产生正是哲学、政治经济学和社会主义极伟大的代表人物的学说的直接继续。"②西方文明对人类文明的贡献不言而喻，每当我们以羡慕的眼光看到这种贡献而带来的巨大利益时，油然而生的"投机"心理总是想可否复制一下他们的理论而借此实现自身的利益时，纵然没有想到一个本质的问题就是，适用于西方的东西未必适用于东方。有一个比喻："同为粮食，面包和馒头就总是适应不同人的胃。"我们可以借鉴一切优秀的文明成果，但势在必行的是要将其内化为我们自身能够消化的精神食粮，只有自身能够消化的东西，我们才能最终吃下去且

---

① 《马克思恩格斯选集》第 4 卷，北京：人民出版社，1995 年，第 697 页。
② 《列宁选集》第 2 卷，北京：人民出版社，1995 年，第 309 页。

立场而言，它才占有这个立场。……它决定了——在战斗中、在这个作为哲学的战场上——某种哲学会站在哪一边的问题"①。

第四节　马克思回归历史具体的阐释原则

黑格尔基于绝对精神自身演变的逻辑要求所提出的思想建构的准则，在马克思那里实现了基于唯物史观阐释原则的变革性飞跃，回归历史具体的基本内涵就是始终站在现实历史的基础上构建思想体系，阐释精神历史。回到马克思历史具体的阐释原则或可提供一种对于中国经验具有方法论高度的有效解释，这体现了唯物史观阐释原则的方法论价值，也体现了马克思科学思维方法的实践意义。在中国现实面前，一些西方观点是主观的不确定性在理论思维中的表现，通过理论思维框定中国道路，自然就偏离了中国道路基于自身特点进行自我调整、自我定义的实际过程。阐释体系的建构和创造，首要的取决于阐释原则的确定，为此要消除西方解释学一直困惑的、不断纠结的"理解与解释"的不确定性或因人而异的多元性。"三大体系"建设从哲学方法论上讲就是学术理论的阐释体系。

中国学术的理论自觉凝结的问题意识、批判意识和创新意识为中国学术体系创造了变革之主体条件，习近平总书记《在哲学社会科学工作座谈会上的讲话》（2016 年 5 月 17 日）更是将国家

---

① 阿尔都塞：《哲学与政治：阿尔都塞读本》，陈越编译，长春：吉林人民出版社，2003 年，第 173 页。

对理论的需要程度上升到了战略高度，集中表达为"加快构建中国特色哲学社会科学学科体系、学术体系、话语体系"这一历史任务。实际上，我们还没有真正意识到"中国经验"本身所内含着中国理论建构的全部过程，毋宁说二者是同一过程。如果中国经验是成功的，那么依靠各种"外部反思"性质的理论体系则难以解释清楚，这是因其外在性并不能构成经验本身。社会转型与变革中的理论调适与创新，是实践与理论的双向互动过程。历史已经证明，马克思主义中国化的理论实现，是国家主权独立、开启现代化大门、走进新时代最重要的中国经验。由此，我们回到马克思历史具体的阐释原则或可提供一种对于中国经验具有方法论高度的有效解释，至少可以说明这个问题。

黑格尔曾经写过一段重要的话："真正的思想和科学的洞见，只有通过概念所作的劳动才能获得。只有概念才能产生知识的普遍性，而所产生出来的这种知识的普遍性，一方面，既不带有普通常识所有的那种常见的不确定性和贫乏性，而是形成了的和完满的知识，另方面，又不是因为天才的懒惰和自负而趋于败坏的理性天赋所具有的那种不常见的普遍性，而是已经发展到本来形式的真理，这种真理能够成为一切自觉的理性的财产。"① 黑格尔基于绝对精神自身演变的逻辑要求所提出的思想建构的准则，在马克思那里实现了基于唯物史观阐释原则的变革性飞跃，克服思想建构的不确定性和贫乏性，转化为现实生活与实践的确定性与复杂性，揭示"自觉的理性的财产"的谜底深藏其中，"人类的

---

① 黑格尔：《精神现象学》上卷，贺麟、王玖兴译，北京：商务印书馆，1979 年，第 48 页。

理性最不纯洁，它只具有不完备的见解，每走一步都要遇到新的待解决的问题"。①

在新的待解决的问题面前，"每个原理都有其出现的世纪"②。这集中表达了回归历史具体的重大命题。原理与产生原理的时代及其历史过程的关系不是凭借主观想象的设定，不是在每个时代中寻找某种范畴，而是要始终站在现实历史的基础上。回归历史具体的基本内涵就是始终站在现实历史的基础上构建思想体系、阐释精神历史。

第一，马克思这里说的原理不是自然界的原理，而是人类社会历史发展演变的原理。代替了本能的意识，"我"对"我"的环境的关系提升为"我"的意识，即意识到的存在。凡是有某种关系存在的地方，这种关系都是为"我"而存在的，所以意识一开始就是社会的产物。从社会关系的意义上说，自然没有独立的意义，其逻辑在先性只有在社会史中作为人类的生存环境才构成条件要素，所谓"环境的改变和人的活动或自我改变的一致"③，主要是指社会环境的改变。人类对自然界的关系是特定的，其特定性是由社会形式决定的，反之亦然。自然界和人的同一性表现在：人们对自然界的狭隘的关系决定着他们之间的狭隘的关系，而他们之间的狭隘的关系又决定着他们对自然界的狭隘的关系，这正是因为自然界几乎还没有被历史的进程所改变。以上这层意思可以凝结为这样的表达：马克思的认识路线是基于社会关系发

① 《马克思恩格斯选集》第1卷，北京：人民出版社，2012年，第229页。
② 《马克思恩格斯选集》第1卷，北京：人民出版社，2012年，第227页。
③ 《马克思恩格斯选集》第1卷，北京：人民出版社，2012年，第134页。

展的历史认识路线，而哲学就是"为历史服务的哲学"①。

第二，原理的产生不是来自理性天赋或天启，不是事物的客观概念构成事物本身，而是使人能够围绕着自身和自己现实的太阳转动。这就涉及哲学史的一个根本性问题，即原理产生的根源。1789年，德国诗人 J.C.F. 席勒在耶拿大学历史系副教授的就职演讲《什么是世界史及为何需学习世界史》中，对"哲学"支配"普遍历史"寄予厚望，哲学精神将一个合乎理性的目的引入世界运转，向普遍历史引入一个目的论原则。带着这一原则，哲学精神再次畅游普遍历史，用目的论原则来比照普遍历史这一宏大舞台提供给它的每个现象。仿佛是受到席勒的召唤，黑格尔的历史哲学带着"普遍原理"所达到的有条理的陈述和严肃判断出场了。问题在于，"黑格尔是在经验的、公开的历史内部让思辨的、隐秘的历史发生的。人类的历史变成了抽象精神的历史，因而也就变成了同现实的人相脱离的人类彼岸精神的历史。"② 思想体系、哲学原理不能脱离此岸世界的人的感性物质活动的历史，历史具体决定了思想体系的哲学性质，而不是相反走向"思辨观点"的神秘性质。

马克思在《1844年经济学哲学手稿》的序言中曾表达了理论建构的路径：他不满意把针对黑格尔的思辨观点的批判同针对各种材料本身的批判混合在一起写成一本著作，他觉得这种形式会给人以任意制造体系的印象。鉴于这种考虑，马克思认为最好以单独的小册子形式分别对法、伦理、政治等进行批判，再用一

① 《马克思恩格斯选集》第1卷，北京：人民出版社，1995年，第2页。
② 《马克思恩格斯文集》第1卷，北京：人民出版社，2009年，第292页。

部批判性著作概述对唯心主义思辨哲学的批判。1844 年 5、6 月
以后，马克思已经把经济学研究提到了首位。从 1844 年 9 月起，
由于需要对青年黑格尔派进行反击，马克思改变了自己的想法，
开始把阐释新的革命的唯物主义世界观同批判青年黑格尔派以及
德国资产阶级和小资产阶级其他代表的唯心主义世界观结合起
来。马克思和恩格斯合著的《神圣家族》和《德意志意识形态》
完成了这项任务。

　　第三，马克思一生的理论创造始终践行和坚守回归历史具体
的阐释原则。马克思进入哲学领域进行理论思维面对的正是任意
制造体系的思辨哲学的一统天下，思辨哲学的特点就是从概念到
概念、从思想到思想、从主观到主观、从文本到文本。正是这种
悬于空中的玄想，在德国的思想界连续出场的都是高喊词句的理
论勇士，都没有离开黑格尔旧哲学的基地，没有一个"来到坚实
的地面上演戏"①。典型的如布鲁诺，虽然接受了思辨的矛盾，但
在他看来，"关于现实问题的词句就是现实问题本身"②。

　　对这样一种理论建构方式和话语建构方式，马克思愤怒地指
出：德国"玄想家"的批判，不仅是它的回答，而且连它所提出
的问题本身，都包含着神秘主义。经验的观察在任何情况下都应
当根据经验来揭示社会结构和政治结构同生产的联系，而不应当
带有任何神秘和思辨的色彩。③

　　在经济学方面，马克思指认法国经济学家 P.-J. 蒲鲁东是政治
经济学的形而上学方面的魁首，"蒲鲁东先生的材料则是经济学

---

① 《马克思恩格斯全集》第 1 卷，北京：人民出版社，1995 年，第 240 页。
② 《马克思恩格斯全集》第 3 卷，北京：人民出版社，1960 年，第 93 页。
③ 《马克思恩格斯选集》第 1 卷，北京：人民出版社，2012 年，第 151 页。

家的教条"①。在主观世界中，撇开一切概念、范畴、原理与生产的联系而"任意制造体系"。蒲鲁东只要把抽象的思想编一下次序就行了，就像在每一篇政治经济学论文末尾已经按字母表排好那样，实际上就是把人所共知的经济范畴翻译成人们不大知道的语言，或者用晦涩的纯学术的语言吓唬人。这种语言使人觉得这些范畴似乎是刚从纯理性的头脑中产生的。蒲鲁东作为一个哲学家，自以为有了神秘的公式就用不着深入纯经济的细节，就可以撇开人的生动活泼的生活所产生的关系，就可以忽略生产关系的历史运动，"既然我们只想把这些范畴看作是观念、不依赖现实关系而自生的思想，那么，我们就只能到纯粹理性的运动中去找寻这些思想的来历了"②。

纯粹永恒的理性又是如何造成这些思想的呢？马克思完全颠覆了思辨哲学家的思维方式，在人们生活的历史过程中更深刻揭示了"倒立呈像"的原理。全部问题的实质就在于要靠改变了的环境而不是靠理论上的演绎来实现。

比如，被资产阶级的学术代表神秘化和永恒化的所有权概念，在每个历史时代中是以各种不同的方式、在完全不同的社会关系下面发展起来的。马克思以符合现实生活的考察方法详细分析了部落所有制、古代的公社所有制和国家所有制以及封建的或等级的所有制，深刻指出："分工的各个不同发展阶段，同时也就是所有制的各种不同形式"③。马克思的批判理路带来的启示是，脱离能动的生活过程，历史就像抽象的经验论者所认为的那样，

① 《马克思恩格斯选集》第1卷，北京：人民出版社，2012年，第218页。

② 《马克思恩格斯选集》第1卷，北京：人民出版社，2012年，第218页。

③ 《马克思恩格斯选集》第1卷，北京：人民出版社，2012年，第148页。

是一些僵死的事实的汇集，或像唯心主义者所认为的那样，是想象的主体的想象活动。按照马克思的阐释原则，"要想把所有权作为一种独立的关系、一种特殊的范畴、一种抽象的和永恒的观念来下定义，这只能是形而上学或法学的幻想"①。

关于正义之类的概念也是如此，"'正义'、'人道'、'自由'、'平等'、'博爱'、'独立'——直到现在除了这些或多或少属于道德范畴的字眼外，我们在泛斯拉夫主义的宣言中没有找到任何别的东西。这些字眼固然很好听，但在历史和政治问题上却什么也证明不了。'正义'、'人道'、'自由'等等可以一千次地提出这种或那种要求，但是，如果某种事情无法实现，那它实际上就不会发生，因此无论如何它只能是一种'虚无飘缈的幻想'"②。而以马克思回归历史具体的阐释原则来解读"关于公平和正义的空谈，归结起来不过是要用适应于简单交换的所有权关系或法的关系作为尺度，来衡量交换价值的更高发展阶段上的所有权关系和法的关系"③。

马克思、恩格斯关于共产主义的设想同样也不是乌托邦的想象，而是可以通过经验来确认的、与物质前提相联系的物质生活过程，其深刻含义正在于——"共产主义是关于无产阶级解放的条件的学说"④。如果无产阶级不消灭它本身的生活条件，它就不能解放自己。如果它不消灭集中表现在它本身处境中的现代社会的一切非人性的生活条件，它就不能消灭它本身的生活条件。它

① 《马克思恩格斯文集》第 1 卷，北京：人民出版社，2009 年，第 638 页。
② 《马克思恩格斯全集》第 6 卷，北京：人民出版社，1961 年，第 325 页。
③ 《马克思恩格斯全集》第 46 卷，北京：人民出版社，1979 年，第 280 页。
④ 《马克思恩格斯选集》第 1 卷，北京：人民出版社，2012 年，第 295 页。

的目标和它的历史使命已经在它自己的生活状况和现代资产阶级社会的整个组织中明显地、无可更改地预示出来了。这个条件是人的自我异化的积极扬弃，是人和人之间的矛盾的真正解决，它是历史之谜的解答，而且知道自己就是这种解答。

回归历史具体的阐释原则，从人的本质命题的阐释可以得到更加清晰的印证。尽管费尔巴哈对唯物主义的复活有所贡献，但在历史领域，费尔巴哈预先设定的是"一般人"，即把许多个人自然地联系起来的普遍性。费尔巴哈对感性世界的"理解"仅仅局限于对这一世界的单纯的直观，由于他的出发点的制约，他没有看到也不可能看到，他周围的感性世界绝不是某种开天辟地以来就直接存在的、始终如一的东西。那是什么呢？马克思的回答是工业和社会状况的产物，是历史的产物，是世世代代活动的结果，其中每一代都立足于前一代所达到的基础上，继续发展前一代的工业和交往，并随着需要的改变而改变它的社会制度。甚至连最简单的"感性确定性"的对象也只是由于社会发展、由于工业和商业交往才提供给它的。对作为对象性活动的"现实的历史的人"，马克思在《关于费尔巴哈的提纲》中下了这样的定义，"人的本质不是单个人所固有的抽象物，在其现实性上，它是一切社会关系的总和"①。

英籍犹太哲学家 L. 维特根斯坦在解释他如何把 16 年的哲学断想集结成《哲学研究》的思想体系时说，"就像我在这漫长迂回的旅途中，所做的一系列风景素描"②。尽管对同样的观点他都

---

① 《马克思恩格斯选集》第 1 卷，北京：人民出版社，2012 年，第 139 页。

② 路德维希·维特根斯坦：《哲学研究》，陈嘉映译，上海：上海人民出版社，2005 年，第 3 页。

从不同的角度进行了探讨，但"到处留下绘图人的败笔拙痕"。这也许并不是作者的谦逊，而是基于主观的纯粹哲学固有的品格：穿越思想的开阔地，"这些素描经过了安排和删减，以便当你观看时，可以得到风景的全貌"①。思想的本质、逻辑展示的是一种秩序，但这种秩序是世界的"先验秩序"。因此，维特根斯坦只能求助于思想的光晕，在思维中让世界和思想共有，精神的运动就是概念的内在发展，它乃是认识的绝对方法，同时也是内容本身的内在灵魂，只有沿着这条自己构成自己的道路，哲学才能成为论证的科学。这也就是哲学思想的闪电不能射入现实大地的无奈和局限。

我们所熟悉的 M. 海德格尔的一段话表明了他对马克思历史阐释原则的无比尊重："因为马克思在体会到异化的时候深入到历史的本质的一度中去了，所以马克思主义关于历史的观点比其余的历史学优越。但因为胡塞尔没有，据我看来萨特也没有在存在中认识到历史事物的本质性，所以现象学没有，存在主义也没有达到这样的一度中，在此一度中才有可能有资格和马克思主义交谈。"②

H.–G. 伽达默尔在确定"普遍解释学"的主调时，也强调了哲学家尤其必须意识到他自身的要求和他所处的实在之间的那种紧张关系。当科学发展到全面的技术统治，形而上学面临终结的命运，"在的遗忘"在尼采的虚无主义预言中已经呈现，即使是伽达默尔也不得不目送黄昏落日那最后的余晖，转身期望红日重

---

① 路德维希·维特根斯坦：《哲学研究》，陈嘉映译，上海：上海人民出版社，2005 年，第 3–4 页。
② 孙周兴选编：《海德格尔选集》上卷，上海：上海三联书店，1996 年，第 383 页。

生的第一道朝霞。作为现象学以来的欧陆哲学传统的守望者，他明确指出："在我看来，诠释学普遍化的这种片面性本身就具有矫正的真理性。它启发了人的创造、生产和构造活动对于其所受制的必要条件的现代态度。这一点特别限制了哲学家在现代世界中的地位。"[①]因为在这个科学时代，哲学思维要求自己君临一切，必将包含某种幻想和不切实际的成分。

西方阐释学演化与争论的核心问题是文本与阐释的关系问题，即主体与客体、私人理解与公共理解的关系问题。所谓"作者死了""意图在不在场""人人都是自己的历史学家"等都与阐释的无限与有限、主观与客观、确定与相对等有关阐释者如何"居间说话"相关。如何破解其中的相对主义和虚无主义困境，马克思回归历史具体的阐释原则是有力的认识工具。

反思西方阐释学所面临的主体与客体、方法与反方法、个体与公众、私人与公共等无法克服的种种张力问题，可以发现解决之道在于阐释原则的确立。我们今天"三大体系"建设从哲学方法论上讲就是学术理论的阐释体系的建构和创造，而这首要取决于阐释原则的确定，要超越"理解与解释"构架中的不确定性或因人而异的多元性，走向可以用实践经验证实的确定性和公共性。这就是唯物史观阐释原则的方法论价值，也就是体现马克思科学思维方法的回到历史具体的阐释原则。

思辨哲学可以看作人类思维的极限挑战，看作反映对终极问题、抽象问题思考的能力，这就是形而上学作为哲学最普遍的性

[①]　汉斯－格奥尔格·伽达默尔：《真理与方法——哲学诠释学的基本特征》上卷，洪汉鼎译，上海：上海译文出版社，2004年，第16页。

格和特征，能够长久存在并延续至今的根据。问题在于，当人们着手考察和整理资料（不管是有关过去时代的还是有关当代的）的时候，在实际阐述资料的时候，困难才开始出现。这些困难的排除要受到种种前提的制约，这些前提在这里是根本不可能提供出来的，而只能从对每个时代的个人的现实生活过程和活动的研究中产生。而对于现实生活过程的"世俗基础"本身应当在自身中、从它的矛盾中去理解。比方说，我们对待经典或历史事件的阐释，之所以能够穿越时空跟当代人进行对话，一是在于这些经典或事件的文本本身以它的"先在性"在历史中对未来是开放的，是敞开的；二是每一时代的选择性都面临着该时代主体的历史主题和价值立场（所谓一切真历史都是当代史的"克罗齐命题"）；三是每一时代阐释的符合时代精神的依据只能是"对于这个世俗基础本身首先应当从它的矛盾中去理解"①。

　　马克思的哲学革命就是从这个颠覆性的反叛开始的，它没有走一般解释学的阐释路径，寻找某个范畴概念，凭空地构造某个理论体系，而是确立了现实观，确立了"此岸世界"，将其与一切精神王国的"彼岸世界"区隔开来并当作哲学的主要任务和思想主题。现实不是感性的直观，实质上是在实践中表现其现实的本性。感性的个人只有在实践中才能表达其丰富性。实践活动超越了个人的狭隘边界，以社会整体性规定了个人的本性，离开了整体性的个人、离群索居的个人不是哲学要讨论的问题，这就是为什么马克思说个人的原理产生于 18 世纪的道理。个人是什么样，只有在实践中结成的社会关系才能得到说明，人的本质定义

---

① 《马克思恩格斯选集》第 1 卷，北京：人民出版社，2012 年，第 138 页。

的"现实性"就是这种规定。社会的、现实的个人，大体说来经历了"三大形态"。起初完全是自然发生的人的依赖关系，是最初的社会形态，在这种形态下，人的生产能力只是在狭窄的范围内和孤立的地点上发展着。第二大形态是以物的依赖性为基础的人的独立性，在这种形态下，才形成普遍的社会物质变换、全面的关系、多方面的需求以及全面的能力的体系。建立在个人全面发展和他们共同的社会生产能力成为他们的社会财富这一基础上的自由个性，是第三大形态。第二大形态为第三大形态创造条件。①同样是"个人"，18世纪典型地表现为以物的依赖性为基础的人的独立性，而越往前追溯，个人越从属于整体，越表现为人的依赖关系。人的本质是在时间的流动中、在历史的演变中以及在历史演变的规律中得到确切的阐释。

确立马克思的现实观，借助现实观的中介，才能够在人们活动的场域（在马克思的时代就是市民社会）中寻找揭开历史之谜的钥匙。理性与现实的冲突（也是应然与实然的矛盾），在马克思那里所呈现的情境就是国家与市民社会的冲突，或者说现实冲突在哲学上的反映。黑格尔认为，"国家无非就是自由的概念的组织。个人意志的规定通过国家达到了客观定在，而且通过国家初次达到它的真理和现实化。国家是达到特殊目的和福利的唯一条件。"②这种家庭和市民社会对国家的现实的关系被理解为观念的内在想象活动的国家，让马克思在面对现实困境中总是产生苦恼的疑问。有学者说，市民社会与政治国家的纠结关系构成了马

---

① 《马克思恩格斯全集》第30卷，北京：人民出版社，1995年，第107–108页。
② 黑格尔：《法哲学原理》，范扬、张企泰译，北京：商务印书馆，1997年，第263页。

克思"人类解放"理论的逻辑起点，这是不确切的。马克思的问题意识来自资本创造了无产者这一"现实"状况和无产阶级日益觉醒这一趋势。英国工人阶级从 18 世纪中叶以来进行了英勇的斗争，这些斗争只是因为资产阶级历史家把它们掩盖起来和隐瞒不说才不为世人所熟悉。现代工业和科学为一方与现代贫困和衰颓为另一方的这种对抗，我们时代的生产力与社会关系之间的这种对抗，是显而易见的、不可避免的和毋庸争辩的事实。无产者不是与生俱来的、始终如一的而是可以改变命运的。"要使社会的新生力量很好地发挥作用，就只能由新生的人来掌握它们，而这些新生的人就是工人。工人也同机器本身一样，是现代的产物。"①

所以，政治国家与市民社会的关系问题并不构成"人类解放"的逻辑起点，政治经济学批判为人类解放找到了打开大门的钥匙。在这个意义上，政治国家与市民社会的关系是马克思走向现实、切中现实的重大学术转向。所以马克思的哲学革命的前提是实现经济学的革命，因为经济学离市民社会的活动最近、最直接，人类的实践活动、行为方式、生产方式的理论反映就是政治经济学批判。在其中，资本与劳动之间的关系终于得到"有科学根据的答复"②。马克思哲学开辟了新的世界：以往的哲学主要是解释世界，问题在于改变世界。

对当代中国的问题，如果用西方思维作强制阐释，只能像思辨哲学那样，从词句到词句，从理论到理论，与实质性的和现实必然性的中国场景、中国经验、中国道路之间存在间距。这种抽

---

① 《马克思恩格斯选集》第 1 卷，北京：人民出版社，2012 年，第 776 页。
② 《马克思恩格斯文集》第 3 卷，北京：人民出版社，2009 年，第 460 页。

象的理解与解释，尽管可以完美地再现理论逻辑，但理论逻辑的完美却内在地包含致命的缺陷——缺乏历史逻辑与实践逻辑。事情被思辨地扭曲成这样：好像后期历史是前期历史的目的。尽管完美，但终究局限于某些利益集团的私性阐释而不能达到最大公约性的公共阐释。比如，西方预判中国市场经济必然走上民主之路，近些年来，国外有些舆论甚至质疑中国现在究竟还是不是社会主义，有人说是"资本社会主义"，还有人说是"国家资本主义""新官僚资本主义"。这些外部理论的解释与中国现实之间出现了完全扭曲。中国特色社会主义是社会主义，无论改革开放走到哪个阶段，我们都始终坚持中国特色社会主义道路、中国特色社会主义理论体系和中国特色社会主义制度，坚持中共十八大提出的夺取中国特色社会主义新胜利的基本要求。在中国现实面前，一些西方观点是主观的不确定性在战略思维中的表现，通过理论思维框定中国道路，自然就偏离了中国道路基于自身特点进行自我调整、自我定义的实际过程。实践趋势的确定性决定了理论反映的确定性，而不是理论的不确定性导致实践过程的不确定性。因此，缺乏现实性内涵的理论不再具有真理性。马克思说："人应该在实践中证明自己思维的真理性，即自己思维的现实性和力量。"① 我们一直强调马克思主义理论的学术内涵与现实内涵的统一，一种理论如果没有历史感，缺乏实际内容，只是概念的堆砌，它就不能在解释中国的实际中落根生花。其实，前期历史的"使命""目的""萌芽""观念"等词所表示的东西，终究不过是从后期历史中得出的抽象，不过是从前期历史对后期历

---

① 《马克思恩格斯文集》第 1 卷，北京：人民出版社，2009 年，第 500 页。

史发生的积极影响中得出的抽象。这些特定的人关于自己的真正实践的"想象""观念"变成一种支配和决定这些人的实践的唯一起决定作用的和积极的力量。这里包括对待马克思主义的科学态度："什么都用马克思主义经典作家的语录来说话，马克思主义经典作家没有说过的就不能说，这不是马克思主义的态度。同时，根据需要找一大堆语录，什么事都说成是马克思、恩格斯当年说过了，生硬'裁剪'活生生的实践发展和创新，这也不是马克思主义的态度。"①

当前有一种研究倾向，基于功利目的的为学术而学术、为评价体系而写作的理论动机，其理论的实现程度不能满足国家的需要程度，也无法生成一个民族伟大复兴的理论思维。哲学界理解的学术性并不局限于文本解读，哲学通过文本的比较研究进行融合，深入挖掘、细致阐释的学究功夫是必要的，但不是唯一的、甚至不是主要的。事实上，哲学特别是马克思主义哲学对公共话题、战略话题、思想话题始终保持沉默，就体现了那种阐释的缺陷：把这些思想看作是"概念的自我规定"，我们必须消除这种"自我规定着的概念"的神秘外观——思想的批判性反思、时代精神的把握、切中现实的思想力量，必须回到历史具体的场景规定，并从未来汲取理论的诗情。

每个时代都有自己的印记，精神的、文化的、学术的、思想的印记，这个印记刻在哪里？刻在时代的呼声中，刻在公开的问题中。即使是文本阐释，内在的自由的精神也将在未来的时间流

---

① 习近平：《在哲学社会科学工作座谈会上的讲话》，北京：人民出版社，2016 年，第 14 页。

中被阐释出来。马克思开辟了现实确定性的阐释路线，一旦进入中国的历史具体，依靠路径依赖的西方阐释就不再保留独立性的外观了。就像马克思曾经说过的，在思辨终止的地方，在现实生活面前，正是描述人们实践活动和实际发展过程的真正的实证科学开始的地方。关于意识的空话将终止，它们一定会被真正的知识所代替。对现实的描述会使独立的哲学失去生存环境。[①]

恩格斯深得马克思思想的要义："在我看来，马克思的历史理论是任何坚定不移和始终一贯的革命策略的基本条件；为了找到这种策略，需要的只是把这一理论应用于本国的经济条件和政治条件。"[②]

某种独立东西的意识的一切产物，如果只是要求用另一种方式来解释存在的东西，或借助于另外的解释来承认它，那么，离开中国现实存在的西方学术的征引就不再具有可靠性。

伽达默尔的《真理与方法》在中国学术中的引用率与20世纪90年代回归书斋的"学术转向"密切相关。所谓纯学术的研究旨趣与规范性的"掉书袋"研究热情催发了对解释工具的渴求，于是以伽达默尔为代表的"以语言为主线的诠释学本体论转向"立刻获得了主流话语的学术地位，同时也远离了马克思的哲学基地。举个例子，著名解释学学者潘德荣教授1994年在《中国社会科学》第1期发表《理解、解释与实践》一文时，还是基于"交往实践"引出"理解与解释的关系问题是诠释学最重要的问题之一"。对诠释学从"理解或解释"到"理解与解释"的模

---

① 《马克思恩格斯文集》第1卷，北京：人民出版社，2009年，第526页。
② 《马克思恩格斯选集》第4卷，北京：人民出版社，2012年，第574页。

式转换过程作了历史性的评析，叙述了狄尔泰为抵御实证主义的侵袭，建立独立的精神科学，将理解与解释严格对立起来，使之分属于不同的研究领域：自然——解释，精神——理解。为避免这种观点陷入相对主义，作者敏锐地强调了伽达默尔、利科尔等人着眼于从"对话""本文"来统一理解与解释这两者。作者结论性的观点认为，唯有语言与行为（实践）的相互诠释，才能真正达到理解与解释的统一。作者的这个见解或在这个问题上，其实马克思原本说得很清楚："语言和意识具有同样长久的历史；语言是一种实践的、既为别人存在因而也为我自身而存在的、现实的意识。语言也和意识一样，只是由于需要，由于和他人交往的迫切需要才产生的。"[①]到2017年，在经过系统研究解释学的传统之后，潘教授并没有提出"实践诠释学"的任务，而是转向了"德行诠释学"[②]。这种解释学"旅行"到中国产生的学术路径自然与马克思的阐释原则分道扬镳了。

　　提出中国阐释学或阐释学的中国学派，是建构当代中国学术话语的重要组成部分，对哲学社会科学的发展是一项基础性的工程。公共阐释论及其相关学术讨论，是批判话语向建构话语飞跃的重大标志。公共阐释的提出，标志着中国阐释学的核心概念、研究纲领和基本构架已经形成，思想体系正处于呼之欲出的状态。当然，今天我们的讨论不是要回到阐释的中国原初语境，而是带有源和流的深厚的文化根基与传统来和西方阐释学进行对话，在对话和学术互鉴中实现理论的跨越，为多元的文明图景作

---

① 《马克思恩格斯选集》第 1 卷，北京：人民出版社，2012 年，第 161 页。

② 参见潘德荣：《"德行"与诠释》，《中国社会科学》2017 年第 6 期。

出中国原创性贡献。

　　2019 年 3 月 4 日，习近平总书记在看望参加全国政协十三届二次会议的文化艺术界、社会科学界委员时强调：一切有价值、有意义的文艺创作和学术研究，都应该反映现实、观照现实，都应该有利于解决现实问题、回答现实课题。希望大家立足中国现实，植根中国大地，把当代中国发展进步和当代中国人精彩生活表现好展示好，把中国精神、中国价值、中国力量阐释好。文艺创作要以扎根本土、深植时代为基础，提高作品的精神高度、文化内涵、艺术价值。哲学社会科学研究要立足中国特色社会主义伟大实践，提出具有自主性、独创性的理论观点。这就是要用中国理论解读中国实践，是对唯物史观阐释原则的原创性贡献，也是三大体系建设的思想指南。

第五节　马克思现实观的思想路径

　　在马克思的哲学视野中，"绝对精神"作为普鲁士的国家哲学正处于解体之中，但各种寄生在黑格尔这具残骸上的思想体系依然在骚动着重新化合，各种秘传的"真正的社会主义"神灵也在四处游荡着。思想困局如何破解，现实观是马克思冲破种种观念论束缚，重构改变世界哲学的一把钥匙。从实践的唯物主义哲学到科学的共产主义构想，贯穿其中的是马克思现实观的思想路径。抛弃那需要幻觉的处境（宗教批判的现实化）、始终站在现实历史的基础上（问题的现实性）、为人类解放创造现实条件（向现实本身寻求观念），马克思在私有财产的运动过程中展现了

"辩证哲学"思维的现实性和力量。共产主义不是现实应当与之相适应的理想，而是消灭现存状况的现实的运动。马克思哲学仍将在现实的历史运动中延展着它的生命力。

今天我们研究马克思哲学，可以从多元视角作出各种阐释。但就其文本中的思想确定性来说，不能偏离现实观的主线，这就是与思辨哲学彻底决裂。通过对"现代德国哲学"的批判，马克思得出了一个直接契合人类解放宏大主题的哲学结论："对实践的唯物主义者即共产主义者来说，全部问题都在于使现存世界革命化，实际地反对并改变现存的事物"①。马克思创立的唯物史观揭示了社会意识产生的根源、基础、机制，在层层意识所包裹的动机的背后，发现了人的物质生产的决定作用以及生产得以进行的社会关系的制约作用。这一重大发现不是在"纯粹的思想"中完成的，而是现实运动的表现和产物。正是现实观的奠基作用，马克思才超越了种种虚幻的理论空想，在科学的规范意义上指明了"共产主义对我们来说不是应当确立的状况，不是现实应当与之相适应的理想。我们所称为共产主义的是那种消灭现存状况的现实的运动。这个运动的条件是由现有的前提产生的"②。

一、抛弃需要幻觉的处境：宗教批判的现实化

前提批判是马克思留给我们的重要的思想方法论。最初的批

①《马克思恩格斯文集》第 1 卷，北京：人民出版社，2009 年，第 527 页。

②《马克思恩格斯文集》第 1 卷，北京：人民出版社，2009 年，第 539 页。

判必然要拘泥于这个批判所反对的对象本身的种种前提，马克思最初的批判即宗教批判首先就确立了更为宏大和更为深远的批判原则，这就是"对宗教的批判是其他一切批判的前提"。

在马克思宗教批判的视域中，宗教是这个世界的总理论，是它包罗万象的纲要。在这个纲要中存在着两种相互生成又相互对立的现实性，一种是"幻想的现实性"。宗教是人的本质在幻想中的实现，是使人们沉入幻觉的精神鸦片。正像它是无精神活力的制度的精神一样，宗教能在无情世界里心境得以安抚。另一种是"真正的现实性"。所谓"真正的"就是被宗教颠倒的世界本身，其最直接的就是现实世界的苦难。面对人存在其中的现世的苦难，"反宗教的斗争间接地就是反对以宗教为精神抚慰的那个世界的斗争"①。那么，反宗教的斗争为什么又是间接的呢？在当时的理论的德国，有实践意义的首先是宗教和政治。但是，政治在当时是一个荆棘丛生的领域，所以主要的斗争就转为反宗教的斗争，这一斗争间接地也是政治斗争。

在前提性的更为深层的哲学观念中，自我意识是一切宗教观念的基础，也是宗教观念的创造原则。这是德国的方式所展现的精神现象的集中表现。在马克思青年时代，德国哲学，特别是青年黑格尔派所称之为"绝对的批判"，从黑格尔的精神现象学中继承了一种观念论的思维技艺，即把存在于我身外的现实的、客观的链条转变成纯观念的、纯主观的链条。这种理论规定性就决定了把一切外在的感性的斗争都转变成纯粹的思想斗争，把一切现实的物质变成了观念，并宣布自己是它们的思辨的统一，因此

①《马克思恩格斯文集》第 1 卷，北京：人民出版社，2009 年，第 3 页。

就有能力"统治和支配"它们。物质的和精神的因素被分割为两个对立面，构成了现实生活的整个世界。一方面是群众，他们是历史上物质的、非历史的、消极的因素；另一方面是精神、"绝对的批判"，他们是积极的因素。而一切历史行动都是由后一种因素产生的，因而改造社会的事业被归结为大脑的活动。

在黑格尔的哲学那里，把实体了解为主体，了解为绝对的人格。但这种内在的过程和了解方式恰恰构成了黑格尔方法的基本特征。在思辨的叙事框架中，黑格尔常常作出把握住事物本身的、现实的阐述。这种在思辨的阐述之中所作的现实的阐述，设置了一个根本性的颠倒方程，即把思辨阐述本身看成是现实的，现实的阐述则成了思辨的。穿过这种抽象话语的云层，马克思赋予历史具体的内容，指出："家庭和市民社会对国家的现实的关系被理解为观念的内在想象活动。家庭和市民社会都是国家的前提，它们才是真正活动着的；而在思辨的思维中这一切却是颠倒的。"①

这种颠倒的思维与神学家从合乎人性的观点来解释宗教观念如出一辙，这种解释方式自然地就不断违背自己的基本前提——宗教的超人性。在思辨统治的精神氛围中，马克思曾欣喜地看到路斯达洛编辑的《巴黎革命》周报上发出的警句——"伟人们在我们看来显得伟大，只是因为我们跪着。让我们站起来吧！"②但马克思借用这一警句表达了更为深切的思想产生的基础：要想站起来，仅仅在思想中站起来，而让用思想所无法摆脱的那种现实

---

① 《马克思恩格斯全集》第 3 卷，北京：人民出版社，2002 年，第 10 页。
② 《马克思恩格斯文集》第 1 卷，北京：人民出版社，2009 年，第 288 页。

的、感性的枷锁依然套在现实的、感性的头上，那是不够的。

对于内容的脱离使宗教成为抽象的、绝对的宗教，在马克思深刻揭示这一重大理论现象之前，费尔巴哈给了哲学家们所熟悉的概念辩证法致命一击。费尔巴哈在业已开展的对宗教的批判中，得出了"人创造了宗教，而不是宗教创造人"的唯物主义结论，费尔巴哈还进一步得出结论说，哲学应该从思辨的天国下降到人类贫困的深渊。费尔巴哈在《关于哲学改造的临时纲要》中指出："思辨哲学一向从抽象到具体、从理想到实在的进程，是一种颠倒的进程。从这样的道路，永远不能达到真实的、客观的实在，永远只能做到将自己的抽象概念现实化，正因为如此，也永远不能认识精神的真正自由；因为只有对于客观实际的本质和事实的直观，才能使人不受一切成见的束缚。"① 费尔巴哈的贫乏在于他的直观，但是，"他在黑格尔以后起了划时代的作用，因为他强调了为基督教所厌恶而对于批判的发展却很重要的某几个论点，而这些论点是被黑格尔留置在神秘的（朦胧状态）中的"②。

青年黑格尔派的真正首领布鲁诺·鲍威尔把"无限的自我意识"作为自己的一切论断的基础，甚至把这一原则看成福音的创造原则③。在马克思看来，要说明这种曾经在德国占统治地位的历史方法，以及说明它为什么主要在德国占统治地位的原因，就必须从它与一切意识形态家的幻想的联系出发，必须从他们的独断

---

① 路德维希·费尔巴哈：《费尔巴哈哲学著作选集》上卷，荣震山、李金山译，北京：商务印书馆，1984 年，第 108 页。
② 《马克思恩格斯全集》第 16 卷，北京：人民出版社，1964 年，第 29 页。
③ 《马克思恩格斯全集》第 2 卷，北京：人民出版社，1957 年，第 48 页。

的玄想和曲解出发。由此，马克思揭露了宗教是人的本质在幻想
中的实现，因为人的本质不具有真正的现实性。批判的思辨用真
正神学的方式在人的存在这个"整体"之外寻求这些前提。批判
的思辨在它研究的那个对象以外运动着。在这里我们可以发现，
马克思的思想具有真正的启蒙精神，它超越了启蒙思想家们仅仅
诉诸理性的局限。如康德关于什么是启蒙运动的回答所说：必须
永远有公开运用自己理性的自由，并且唯有它才能带来人类的启
蒙。① 黑格尔认为，"理性是世界的灵魂，理性居住在世界中，理
性构成世界的内在的、固有的、深邃的本性，或者说，理性是世
界的共性"②。尽管黑格尔提出了"凡是合乎理性的都是现实的"
这样的命题，但在马克思看来，启蒙至此所能达到的深度仅是获
得自身或没有丧失自身的人的自我意识。而马克思的真正启蒙的
更为深邃的要义不仅仅是有理智的人来思考，把现存的一切神圣
化，其更直接的是付诸现实斗争的行动，并在行动中来建立自己
的现实。

　　从思想世界降到现实世界，在行动中来建立自己的现实，这
就构成了马克思提出的"为历史服务的哲学的迫切任务"："真理
的彼岸世界消逝以后，历史的任务就是确立此岸世界的真理"③，
就是揭露具有非神圣形象的自我异化。于是，宗教批判的主题被
马克思彻底翻转了，对天国的批判变成对尘世的批判，对宗教的
批判变成对法的批判，对神学的批判变成对政治的批判。一句
话，"要求抛弃关于人民处境的幻觉，就是要求抛弃那需要幻觉

---

① 康德：《历史理性批判文集》，何兆武译，北京：商务印书馆，1990 年，第 22 页。
② 黑格尔：《小逻辑》，贺麟译，北京：商务印书馆，1980 年，第 80 页。
③ 《马克思恩格斯文集》第 1 卷，北京：人民出版社，2009 年，第 4 页。

的处境"①。人民处境表明人就是人的世界，就是国家、社会。但是国家、社会产生了宗教这种颠倒的世界观。颠倒的世界观在现实性上也可以看作异化的世界观。"宗教的异化本身只是发生在意识领域、人的内心领域，而经济的异化是现实生活的异化。"②

有产阶级和无产阶级同样表现了人的自我异化。但是，有产阶级在这种自我异化中感到幸福，感到自己被确证，它认为异化是它自己的力量所在，并在异化中获得人的生存的外观。而无产阶级在异化中则感到自己是被消灭的，并在其中看到自己的无力和非人的生存的现实。这两种自我异化是如此尖锐地对立着，其对立着的矛盾恰恰源自宗教本质的世俗的现实基础。

二、始终站在现实历史的基础上：问题的现实性

马克思从现实历史的视野发现，布鲁诺·鲍威尔反对施特劳斯的《耶稣传》所阐述的福音神话发生说，两人之间的争论是在"自我意识"对"实体"的斗争这一哲学幌子下进行的。拨开哲学的迷雾，问题的实质反而明朗化了，进入现实这个问题竟扩展为这样一个问题：在世界历史中起决定作用的力量是"实体"还是"自我意识"；更重要的是纯粹的凭空想象，以修辞上的刻意追求代替充满诗意的构思，还是出于对现存宗教进行斗争的实践需要。

---

① 《马克思恩格斯文集》第 1 卷，北京：人民出版社，2009 年，第 4 页。
② 《马克思恩格斯文集》第 1 卷，北京：人民出版社，2009 年，第 186 页。

在马克思的问题意识中，既然宗教从一开始就是超验性的意识，这种意识是从现实的力量中产生的。那么马克思将宗教批判转化为现实批判，揭露具有非神圣形象的自我异化的哲学批判的现实，现实批判的问题意识必然本质性地和决定性地导向"改变世界"的哲学革命。马克思源于现实的问题意识具有双重维度，不仅批判这种现存制度，而且同时还要批判这种制度的抽象继续。就理论抽象的一度而言，从德国的"思辨的批判"到"实践政治派"，其狭隘性就表现在没有把哲学归入德国的现实范围，现实的胚芽都在哲学家的头脑中萌生。因此，当我们不去批判我们现实历史的未完成的著作，而来批判我们观念历史的遗著——哲学的时候，我们的批判恰恰接触到了当代所谓的问题之所在的那些问题的中心。

以现实为中介，马克思在《关于费尔巴哈的提纲》中提出了一个重大判断：以往的哲学只是解释世界。这并不是说世界不能解释或不可解释，不能解释是不可知论，不可解释是神秘主义。马克思针对的解释世界的哲学有其特定含义，基于新世界观的哲学的性质，问题在于改变世界。解释世界的哲学问题来自批判的头脑，而改变世界的哲学问题来自现实世界的矛盾。每个时代的谜语不能到头脑中去寻找，而只能到现实世界的矛盾中去寻找。总之，检验哲学能不能实现"符合原则高度的实践"[1]的尺度，就在于能否提出必须推翻使人成为被侮辱、被奴役、被遗弃和被蔑视的东西的一切关系的时代问题，这个时代问题集中到一点就是达到人的高度的革命。

---

① 弗·梅林：《马克思传》，樊集译，北京：人民出版社，1965年，第87页。

"一个时代的迫切问题，有着和任何在内容上有根据的因而也是合理的问题共同的命运：主要的困难不是答案，而是问题。因此，真正的批判要分析的不是答案，而是问题。……每个问题只要已成为现实的问题，就能得到答案。世界史本身，除了用新问题来回答和解决老问题之外，没有别的方法。因此，每个时代的谜语是容易找到的。这些谜语都是该时代的迫切问题，如果说在答案中个人的意图和见识起着很大作用，因此，需要用老练的眼光才能区别什么属于个人，什么属于时代，那么相反，问题却是公开的、无所顾忌的、支配一切个人的时代之声。问题是时代的格言，是表现时代自己内心状态的最实际的呼声。"[1] 在这里值得进一步思考的是如下问题：

解释世界的哲学用静止、永恒的思维把现存的一切神圣化，"所有这一切的中心思想仅仅是要不学无术地和空想式地把现存制度神圣化"[2]。这种解释在马克思看来是以哲学的方式替专制制度、警察国家、专断司法、书报检查制度辩护，而一旦把神圣的一切现实化，哲学就失去了神秘的外衣。

马克思曾提出过"消灭哲学"，而消灭的就是貌似逻辑上合理但内容上没有根据的哲学，即以"独立的哲学"面目出现的解释世界的哲学，这种解释的结果构成了把自己臆想的联系强加于各门实证科学的形而上学的思辨哲学传统，一旦转为对现实的描述这种抽象本身便失去了生存环境。马克思致力于实现改变世界的哲学转向，这种以变革现实为目的哲学，是对以往解释世界的

---

[1] 《马克思恩格斯全集》第 1 卷，北京：人民出版社，1995 年，第 203 页。

[2] 《马克思恩格斯全集》第 3 卷，北京：人民出版社，1960 年，第 613 页。

思辨哲学的超越。我们可以看到，马克思并不是哲学史上横空出世以天才的思想超越以往的哲学。脱胎于德国古典哲学的马克思，以现实观终止了德国古典哲学的致思路向，不在现实中实现哲学就不能消灭哲学，但不消灭思辨哲学就不能成为现实。问题的现实化是马克思实现哲学革命的首要因素，是马克思登上德国哲学高峰的阶梯。马克思在总结自己这段思想史时写到："哲学在黑格尔那里完成了，一方面，因为他在自己的体系中以最宏伟的方式概括了哲学的全部发展；另一方面，因为他（虽然是不自觉地）给我们指出了一条走出这些体系的迷宫而达到真正地切实地认识世界的道路。"① 现实观不仅包含在马克思哲学转向的问题意识中，而且直接催发了马克思历史辩证法的生成。

（一）历史本体论。马克思反复强调历史辩证法的源泉来自现实的矛盾运动。如果按照现代哲学的提法一定要建构历史本体论，那么可以说现实的矛盾运动就是马克思的历史本体论。相比较而言，经历了工业革命和政治革命的英国人和法国人，即使是粗暴的理论但它毕竟是现实的对立在理论上的反映，毕竟还抱着一种是同现实最接近的政治幻想；而作为德国历史在观念上的延续，德国人却在"纯粹精神"的领域中兜圈子，他们离开实在的历史基础而转到思想基础上去，虚构出幻想的联系，把宗教幻想推崇为历史的动力，黑格尔的历史哲学是整个这种德国历史编纂学的最终的、达到自己"最纯粹的表现"的成果。② 马克思一针见血地指出，在黑格尔那里，"现实性没有被说成是这种现实性

---

① 《马克思恩格斯选集》第 4 卷，北京：人民出版社，2012 年，第 226 页。
② 《马克思恩格斯文集》第 1 卷，北京：人民出版社，2009 年，第 546 页。

本身，而被说成是某种其他的现实性……观念变成了主体，而家庭和市民社会对国家的现实的关系被理解为观念的内在想象活动"①。现在，人们把思维的取向聚集到实在的本质和尘世的事物时，形而上学的全部财富只剩下想象的本质了。

（二）历史认识论。这是基于社会矛盾运动对由低级到高级依次更替的历史发展规律的把握。历史同认识一样，永远不会终结在人类的完美理想状态，其中每一阶段都有存在的现实性，并在现实性中展现为必然性，但对它自己内部逐渐发展起来的新的、更高的条件来说，它又有其暂时性而不得不让位于更高的阶段。正如资产阶级依靠大工业、竞争和世界市场在实践中推翻了一切稳固的、历来受人尊崇的制度一样，这种辩证哲学推翻了一切关于最终的绝对真理和与之相应的绝对的人类状态的观念。这种"辩证哲学"的革命性就在于，在它面前，不存在任何最终的东西、绝对的东西、神圣的东西，它指出所有一切事物的暂时性；在它面前，除了生成和灭亡的不断过程、无止境地由低级上升到高级的不断过程，什么都不存在。马克思宏观把握历史的方法论的科学性、马克思哲学的历史辩证性质已经表现得淋漓尽致了，而这一切都是在现实观中实现的伟大认识成果。

（三）历史主体论。与问题现实化有着共同命运的是历史主体论。历史的物质结果，预先规定新的一代本身的生活条件，使它得到一定的发展和具有特殊的性质。人民创造自己的历史，但不是随心所欲地创造，而是在历史提供的现有条件下的创造。只有在现实的世界中，并使用现实的手段才能实现真正的解放。"解

① 《马克思恩格斯全集》第3卷，北京：人民出版社，2002年，第10页。

放"是一种历史活动，是由历史的关系，是由工业状况、商业状况、农业状况、交往状况促成的。①

问题意识进入不到现实的历史情境，就不能有效而深刻地洞察到"从前的一切唯物主义（包括费尔巴哈的唯物主义）的主要缺点是：对对象、现实、感性，只是从客体的或者直观的形式去理解，而不是把它们当做感性的人的活动，当做实践去理解，不是从主体方面去理解"②。更不可能像马克思那样直抵要害地抓住亚当·斯密和李嘉图的理论本质，"他们代表着一个还在同封建社会的残余进行斗争、力图清洗经济关系上的封建残污，扩大生产力，使工商业具有新的规模的资产阶级"③。这种理论本质与他们所处的经济现实的密不可分的关系，表明"亚当·斯密和李嘉图这样的经济学家是当代的历史学家，他们的使命只是表明在资产阶级生产关系下如何获得财富"④。因此，不在现实问题中就不能"了解'革命的'、'实践批判的'活动的意义"⑤。

总之，唯物史观"它不是在每个时代中寻找某种范畴，而是始终站在现实历史的基础上"。马克思提出"世界的哲学化"和"哲学的世界化"命题⑥，其本质含义就是"在自身中变得自由的理论精神成为实践力量，作为意志走出阿门塞斯冥国，面向那存在于理论精神之外的尘世的现实"⑦。人应该在实践中证明自己思

---

① 《马克思恩格斯文集》第 1 卷，北京：人民出版社，2009 年，第 527 页。
② 《马克思恩格斯文集》第 1 卷，北京：人民出版社，2009 年，第 499 页。
③ 《马克思恩格斯全集》第 4 卷，北京：人民出版社，1958 年，第 156 页。
④ 《马克思恩格斯全集》第 4 卷，北京：人民出版社，1958 年，第 156 页。
⑤ 《马克思恩格斯文集》第 1 卷，北京：人民出版社，2009 年，第 499 页。
⑥ 《马克思恩格斯全集》第 1 卷，北京：人民出版社，1995 年，第 220 页。
⑦ 《马克思恩格斯全集》第 1 卷，北京：人民出版社，1995 年，第 75 页。

维的真理性，即自己思维的现实性和力量，自己思维的此岸性。马克思表达得如此清晰，以至于今天再讨论马克思实践的唯物主义哲学性质已经没有什么必要了。

三、为人类解放创造现实条件：向现实本身寻求观念

正如共产主义的历史所证明的，尽管这种变革的观念已经表述过千百次，但这对于实际发展没有任何意义。迄今为止的一切历史观不是完全忽视了历史的这一现实基础，就是把它仅仅看成与历史进程没有任何联系的附带因素。

马克思和恩格斯所著的《德意志意识形态》，其副标题的针对性表明是对"现代德国哲学以及各式各样先知所代表的德国社会主义的批判"。这些所谓的社会主义先知实际上在幻象、观念、教条和臆想的存在物的枷锁下苟延残喘，这些哲学宣讲者的夸夸其谈只不过反映出德国现实状况的可悲。马克思在该论著序言中指出，本书的目的就是要揭穿同现实的影子所做的哲学斗争，揭穿这种投合耽于幻想、精神萎靡的德国民众口味的哲学斗争，使之信誉扫地。而与人类解放主题相一致的共产主义思想从来不是从头脑中凭空设计出来的，不是现实应当与之相适应的理想，而是作为主体的私有财产在现实历史中演进的自然结果，是历史逻辑、实践逻辑和理论逻辑基于现实必然性的统一。

从1844年起在德国像瘟疫一样传播开来的"真正的社会主义"，试图单纯由哲学前提出发推导出科学社会主义结论，以形形色色的社会主义的那种唯心主义的和抽象人性论的世界观，以

优美的文学词句，主张靠泛爱的空谈来实现人类的解放。所有的德国哲学批判家们都断言：观念、想法、概念迄今一直支配和决定着现实的人，他们相信他们的批判的思想活动一定会使现存的东西灭亡，而要做到这一点，只要有他们的孤立的思想活动就已足够。囿于精神世界的圣坛，问题本身就是抽象的产物。正是在共产主义的唯物主义者看到改造工业和社会结构的必要性和条件的地方，作为哲学基础的黑格尔式的那个无限的过程本身对理性的思维来说是否存在，始终是无法进入也无法证实的问题。

为什么各种社会主义的理论想象只是词句中的社会主义，问题在于从未想过进入到世俗世界，"来到坚实的地面上演戏"[①]。以致问题变成了这样，放弃你的抽象，你也就会放弃你的问题。马克思鲜明表达了自己的理论立场，"我们不打算竖起任何教条主义的旗帜"。在马克思看来，像卡贝、德萨米、魏特林所鼓吹的那种形式的共产主义，完全是一种教条主义的抽象观念。这里的本质区别在于，马克思的思想路径是从世界本身的原理中为世界阐发新的原理，从观念主义、理想主义转向"现实本身寻求观念"[②]。

这个转向意味着对社会主义的人来说，整个所谓世界历史不外是人通过人的劳动而诞生的过程，这个过程反映在人的观念中也就是历史辩证法的展开过程。共产主义是作为积极的现实，即否定的否定的肯定，因此，它是人的解放的一个现实的、对下一段历史发展来说是必然的环节。这个肯定还原为马克思的现实观

[①] 《马克思恩格斯全集》第 1 卷，北京：人民出版社，1995 年，第 240 页。

[②] 《马克思恩格斯全集》第 47 卷，北京：人民出版社，2004 年，第 13 页。

语境，则可以表述为共产主义作为私有财产的积极扬弃就是要求归还真正人的生命，是自然界对人来说的生成过程。"感性世界决不是某种开天辟地以来就直接存在的、始终如一的东西，而是工业和社会状况的产物，是历史的产物，是世世代代活动的结果，其中每一代都立足于前一代所奠定的基础上，继续发展前一代的工业和交往，并随着需要的改变而改变他们的社会制度。"①

从这里我们立刻就能发现马克思认识路线的基本特征："我们只能在我们时代的条件下去认识，而且这些条件达到什么程度，我们就认识到什么程度。"②这个程度不能理解为仅仅在理论任务中表现出来的理论自信，也不能理解为超历史的形而上学思维能力的绝对性，而只能理解为现实所能提供的条件和所能达到的程度。将这种认识路线放到整个历史过程或革命运动中去实现，就必然在私有财产的运动中，即在经济的运动中，为自己既找到经验的基础，也找到理论的基础。

马克思讲述自己的认识路线的形成时提到，除了法国和英国的社会主义者的著作以外，他也利用了德国社会主义者的著作。这只是表明马克思在批判各种社会主义的虚幻性质的同时，在市民社会的现实中转向整个实证的批判。而那些自称的所谓"真正的社会主义者"认为英法的共产主义文献并不是现实运动的表现和产物，而是纯理论的著作，这些著作像他们想象中的德国哲学体系一样，只要把法国人的思想翻译成德意志意识形态家的语言，就完全能从"纯粹的思想"中产生，他们完全看不到这些著

---

① 《马克思恩格斯文集》第1卷，北京：人民出版社，2009年，第528页。
② 《马克思恩格斯文集》第9卷，北京：人民出版社，2009年，第494页。

作是以一定国家的一定阶级的整个生活条件为基础的。

马克思阐明了向现实寻求观念的思想路径："我用不着向熟悉国民经济学的读者保证，我的结论是通过完全经验的、以对国民经济学进行认真的批判研究为基础的分析得出的。"[①] 马克思进一步指出："只有当私有财产造成作为无产阶级的无产阶级，造成意识到自己在精神上和肉体上贫困的那种贫困，造成意识到自己的非人化从而自己消灭自己的那种非人化时"[②]，解放才有可能。当粗陋的共产主义简单地看到"无产和有产的对立"的地方，它还没有理解私有财产的积极的本质。"要扬弃现实的私有财产，则必须有现实的共产主义运动"[③]，而要有现实的共产主义运动，无产阶级必须自觉认识到自己的现实处境。

对于私有财产运动过程中的劳动和资本的对立，马克思并没有从静态的、外在的机械论意义上去理解，而是从它的能动关系上、它的内在关系上并且是作为矛盾来理解劳动和资本的对立。这就是作为对财产的排除的劳动和作为对劳动的排除的资本的相互矛盾，作为促使私有财产的主体本质和客体化的劳动的矛盾得到解决的能动关系，共产主义是被扬弃了的私有财产的积极表现。这样，从宗教的谜底在于现实世界的苦难到人的现实的谜底就在于私有财产的运动，"现实性在其展开过程中表明为必然性"就构成了马克思现实观的基本命题。现实性的规定，在黑格尔那里，不过是抽象的、绝对的思维的生产史，不过是全部外化历史和外化的全部消除，即逻辑的思辨的思维的生产史。

---

① 《马克思恩格斯文集》第 1 卷，北京：人民出版社，2009 年，第 111 页。
② 《马克思恩格斯文集》第 1 卷，北京：人民出版社，2009 年，第 261 页。
③ 《马克思恩格斯全集》第 3 卷，北京：人民出版社，2002 年，第 347 页。

　　与之相反，反对从哲学精神的展开本质来规定现实性，马克思拯救了黑格尔把实体了解为主体的思想，现实性被引入作为市民社会基础的私有财产运动中展开，现实性直接表现为私有财产的运动过程。在这个运动过程的被动的一端，人变成对自己来说是对象性的，这个对象性并非认识论意义上的具有自我审视的他我，而是变成异己的和非人的对象，生命表现为异己的现实。私有财产的运动过程同时也是人的自我异化的过程，是存在和本质、对象化和自我确证、自由和必然、个体和类之间的斗争的过程。确切地说，在马克思历史辩证法视域中，作为对象性的现实存在着否定方式和肯定方式。外化的生命表现就是异己的现实，这是否定方式的现实存在。对私有财产的积极的扬弃，则是对人的现实的占有，表现为人的现实的实现，这是肯定方式的现实存在。用马克思早期的哲学话语来说就是"成为人的现实，因而成为人自己的本质力量的现实"①。

　　那些在认识上纠缠不清的主观主义和客观主义，唯灵主义和唯物主义只有在社会状态中、在工业的已经生成的对象性的存在中才失去它们彼此间的对立。而自然科学却通过工业日益在实践上进入人的生活，改造人的生活，并为人的解放作准备。因此，历史的全部运动，既是这种共产主义的现实的产生活动，即它的经验存在的诞生活动，同时对它的思维着的意识来说，又是它的被理解和被认识到的生成运动。

　　正因为如此，具有历史根据和内容的辩证哲学的"原理的实

---

① 《马克思恩格斯全集》第 3 卷，北京：人民出版社，2002 年，第 304 页。

际运用，……随时随地都要以当时的历史条件为转移"①。在马克思逝世以后，恩格斯为《共产党宣言》再版的说明中始终强调共产党人的理论原理，决不是以这个或那个世界改革家所发明或发现的思想、原则为根据的。一切所有制关系都经历了经常的历史更替、经常的历史变更。因此在实践方面，共产党人是各国工人政党中最坚决的、始终起推动作用的部分。在理论方面，他们胜过其余无产阶级群众的地方在于他们了解无产阶级运动的条件、进程和一般结果。不仅如此，对作为详细的理论和实践的党纲《共产党宣言》，恩格斯还特别指出，就这些原理的实际运用而言今天看来毕竟已经过时，有些革命措施根本没有特别的意义，许多方面都会有不同的写法了。②

作为为透彻了解无产阶级解放的真正的条件开辟道路的理论建构，恩格斯继承马克思的现实观，毫不附加任何理论神秘感地宣称："我所在的党没有提出任何一劳永逸的现成方案。我们对于未来非资本主义社会区别于现代社会的特征的看法，是从历史事实和发展过程中得出的确切结论；脱离这些事实和过程，就没有任何理论价值和实际价值。"③

马克思现实观的哲学转向不是为了创造一个独立的哲学体系，而是开辟了人类历史的新纪元，这就是社会主义空想到科学、从理想到现实的实际运动。哲学是无产阶级认识自身的思想武器，是为社会主义创造历史条件的学说。马克思哲学研究可以学院化，但在应然的理想世界中寻求概念的自我演绎，通过编织

---

① 《马克思恩格斯全集》第 18 卷，北京：人民出版社，1964 年，第 104 页。
② 《马克思恩格斯文集》第 2 卷，北京：人民出版社，2009 年，第 5 页。
③ 《马克思恩格斯全集》第 36 卷，北京：人民出版社，1975 年，第 419–420 页。

几个概念就改变马克思哲学的性质和品质，或某个西方学者提出某个命题就成了悬于庙堂而不可逾越的"难题"，这不是严肃对待马克思哲学的态度。作为人类解放思想的创造者，马克思的哲学并没有终结于某个世纪而尘封在历史博物馆中，而是在现实的历史运动中延展着它的生命力。

主要参考文献

一、经典论著及文献

［1］《马克思恩格斯全集》，北京：人民出版社，第 1 版、第 2 版。

［2］《马克思恩格斯选集》，北京：人民出版社，第 1 版、第 2 版、第 3 版。

［3］《马克思恩格斯文集》，北京：人民出版社，2009 年。

［4］马克思、恩格斯：《德意志意识形态》，北京：人民出版社，1961 年。

［5］《邓小平文选》（第 2、3 卷），北京：人民出版社，1994、1993 年。

［6］《十一届三中全会以来重要文献选读》，北京：人民出版社，1987 年。

［7］《列宁全集》（第 1、6、17 卷），北京：人民出版社，1984、1986、1959 年。

［8］《列宁选集》（第 1、2 卷），北京：人民出版社，1972、1995 年。

［9］《中共中央关于全面深化改革若干重大问题的决定》，北京：人民出版社，2013 年。

［10］习近平：《在文艺工作座谈会上的讲话》，北京：人民出版社，2015 年。

［11］习近平：《在哲学社会科学工作座谈会上的讲话》，北京：人民出版社，2016 年。

二、专著

［1］黑格尔：《小逻辑》，贺麟译，北京：商务印书馆，2009 年。

［2］丁学良：《辩论"中国模式"》，北京：社会科学文献出版社，2011 年。

［3］何迪、鲁利玲编：《反思"中国模式"》，北京：社会科学文献出版社，2012 年。

［4］许纪霖：《当代中国的启蒙与反启蒙》，北京：社会科学文献出版社，2011 年。

［5］塞万提斯：《堂吉诃德》，杨绛译，北京：人民文学出版社，2006 年。

［6］李茂主编：《马克思主义哲学发展简史》，郑州：河南人民出版社，1985 年。

［7］黄楠森主编：《马克思主义哲学史》，北京：高等教育出版社，1998 年。

［8］郝立新主编：《马克思主义哲学研究述评》，北京：中国人民大学出版社，2002 年。

［9］让－保罗·萨特：《辩证理性批判》，林骧华等译，合肥：安徽文艺出版社，1998 年。

［10］马克斯·韦伯：《学术与政治：韦伯的两篇演说》，冯克利译，北京：生活·读书·新知三联书店，1998 年。

［11］王强华编：《引发真理标准讨论文章问世纪实》，北京：中国时代经济出版社，2008 年。

［12］沈宝祥：《真理标准问题讨论始末》，北京：中国青年出版社，1997 年。

［13］孙长江：《真理的求索》，上海：上海人民出版社，1989 年。

［14］戴维·伊斯顿：《政治生活的系统分析》，王浦劬译，北京：华夏出版社，1989 年。

［15］王伟光、李景源主编：《中国哲学 30 年（1978—2008）》，北京：中国社会科学出版社，2008 年。

［16］王若水:《人是马克思主义的出发点——人性、人道主义问题论集》，北京：人民出版社，1981年。

［17］王若水:《为人道主义辩护》，北京：生活·读书·新知三联书店，1986年。

［18］阿尔都塞:《哲学与政治：阿尔都塞读本》，陈越编译，长春：吉林人民出版社，2003年。

［19］葛兰西:《实践哲学》，徐崇温译，重庆：重庆出版社，1990年。

［20］施密特:《马克思的自然概念》，欧力同、吴仲昉译，北京：商务印书馆，1988年。

［21］施密特:《历史和结构——论黑格尔马克思主义和结构主义的历史学说》，张伟译，重庆：重庆出版社，1993年。

［22］姚顺良主编:《马克思主义哲学史：从创立到第二国际》，北京：北京师范大学出版社，2010年。

［23］普列汉诺夫:《普列汉诺夫哲学著作选集》，北京：生活·读书·新知三联书店，1961年。

［24］米丁主编:《辩证法唯物论》，沈志远译，上海：商务印书馆，1936年第1版。

［25］联共（布）中央特设委员会编:《联共（布）党史简明教程》（导言），北京：人民出版社，1975年。

［26］亚里士多德:《尼各马科伦理学》，苗力田译，北京：中国社会科学出版社，1999年。

［27］李达主编:《唯物辩证法大纲》，北京：人民出版社，1978年。

［28］肖前、李秀林、汪永祥主编:《辩证唯物主义原理》，北京：人民出版社，1981年。

［29］肖前、李秀林、汪永祥主编:《历史唯物主义原理》，北京：人民出版社，1983年。

［30］李秀林、王于、李淮春主编:《辩证唯物主义和历史唯物主义原理》，北京：中国人民大学出版社，1982年。

［31］吴晓明:《思入时代的深处：马克思哲学与当代世界》，北京：北京师范大学出版社，2006年。

［32］陈晏清、阎孟伟：《辩证的历史决定论》，北京：中国社会科学出版社，2007 年。

［33］高清海主编：《马克思主义哲学基础》（上册、下册），北京：人民出版社，1985、1987 年。

［34］任平等主编：《当代视野中的马克思主义哲学》，苏州：苏州大学出版社，1999 年。

［35］肖前、李淮春、杨耕主编：《实践唯物主义研究》，北京：中国人民大学出版社，1996 年。

［36］任俊明、安起民主编：《中国当代哲学史（1949—1999）》，北京：社会科学文献出版社，1999 年。

［37］黑格尔：《逻辑学》，杨一之译，北京：商务印书馆，1976 年。

［38］雨果：《雨果散文》，程曾厚译，北京：人民文学出版社，2008 年。

［39］陀思妥耶夫斯基：《卡拉马佐夫兄弟》，荣如德译，上海：上海译文出版社，2004 年。

［40］詹姆斯·奥康纳：《自然的理由：生态学马克思主义研究》，唐正东、臧佩洪译，南京：南京大学出版社，2003 年。

［41］张一兵：《马克思历史辩证法的主体向度》，南京：南京大学出版社，2002 年。

［42］路易·阿尔都塞：《保卫马克思》，顾良译，北京：商务印书馆，2010 年。

［43］G.A. 科恩：《卡尔·马克思的历史理论：一个辩护》，段忠桥译，北京：高等教育出版社，2008 年。

［44］黑格尔：《法哲学原理》，范扬、张企泰译，北京：商务印书馆，2017 年。

［45］哈贝马斯：《交往与社会进化》，张博树译，重庆：重庆出版社，1989 年。

［46］尤尔根·哈贝马斯：《重建历史唯物主义》，郭官义译，北京：社会科学文献出版社，2000 年。

［47］鲍德里亚：《生产之境》，仰海峰译，北京：中央编译出版社，2005 年。

［48］郭军、曹雷雨编：《论瓦尔特·本雅明：现代性、寓言和语言的种子》，长春：吉林人民出版社，2003 年。

［49］王伟光主编：《马克思主义理论学科前沿研究报告（2010）》，北京：中国社会科学出版社，2012 年。

［50］福山：《历史的终结及最后之人》，黄胜强、许铭原译，北京：中国社会科学出版社，2003 年。

［51］王伟光主编：《马克思主义理论学科前沿研究报告（2011）》，北京：中国社会科学出版社，2013 年。

［52］孙正聿等：《马克思主义基础理论研究》，北京：北京师范大学出版社，2011 年。

［53］文德尔班：《哲学史教程》，罗达仁译，北京：商务印书馆，2009 年。

［54］斯蒂芬·霍尔盖特：《黑格尔导论——自由、真理与历史》，丁三东译，北京：商务印书馆，2013 年。

［55］罗伯特·诺齐克：《无政府、国家与乌托邦》，何怀宏等译，北京：中国社会科学出版社，1991 年。

［56］叶汝贤、孙麾主编：《马克思与我们同行：新世纪马克思哲学研究》，北京：中国社会科学出版社，2003 年。

［57］赫伯特·马尔库塞：《爱欲与文明——对弗洛伊德思想的哲学探讨》，黄勇、薛民译，上海：上海译文出版社，2005 年。

［58］李其庆主编：《全球化与新自由主义》，桂林：广西师范大学出版社，2003 年。

［59］艾·爱因斯坦、利·英费尔德：《物理学的进化》，周肇威译，长沙：湖南教育出版社，1999 年。

［60］《鲁迅全集》第 1 卷，北京：人民文学出版社，1981 年。

［61］孙周兴选编：《海德格尔选集》，上海：上海三联书店，1996 年。

［62］《柏拉图全集》第 2 卷，王晓朝译，北京：人民出版社，2003 年。

［63］亚里士多德：《形而上学》，吴寿彭译，北京：商务印书馆，1959 年。

［64］程光泉主编：《全球化理论谱系》，长沙：湖南人民出版社，

2002 年。

［65］布热津斯基：《大棋局——美国的首要地位及其地缘战略》，中国国际问题研究所译，上海：上海人民出版社，2007 年。

［66］梯利：《西方哲学史》，葛力译，北京：商务印书馆，1995 年。

［67］弗·梅林：《马克思传》，樊集译，北京：人民出版社，1965 年。

［68］约瑟夫·S. 奈：《美国注定领导世界？——美国权力性质的变迁》，刘华译，北京：中国人民大学出版社，2012 年。

［69］埃德加·莫兰：《迷失的范式：人性研究》，陈一壮译，北京：北京大学出版社，1999 年。

［70］安东尼奥·葛兰西：《狱中札记》，曹雷雨等译，北京：中国社会科学出版社，2000 年。

［71］雷蒙德·威廉斯：《马克思主义与文学》，王尔勃等译，开封：河南大学出版社，2008 年。

［72］黑格尔：《精神现象学》，贺麟、王玖兴译，北京：商务印书馆，1979 年。

［73］路德维希·维特根斯坦：《哲学研究》，陈嘉映译，上海：上海人民出版社，2005 年。

［74］汉斯－格奥尔格·加达默尔：《真理与方法——哲学诠释学的基本特征》，洪汉鼎译，上海：上海译文出版社，2004 年。

［75］路德维希·费尔巴哈：《费尔巴哈哲学著作选集》，荣震山、李金山译，北京：商务印书馆，1984 年。

［76］康德：《历史理性批判文集》，何兆武译，北京：商务印书馆，1990 年。

三、学术论文

［1］汝信：《关于历史哲学两个问题的思考》，《世界历史》1988 年第 2 期。

［2］周叔莲：《关于中国当代学术史研究的几个问题》，《前沿》2010 年第 2 期。

［3］付洪泉：《21世纪马克思主义哲学：问题、方法与进路——第三届马克思主义哲学创新论坛综述》，《哲学动态》2007年第3期。

［4］胡刘：《新中国60年与马克思主义哲学发展的反思——中国马克思主义哲学史学会2009年年会综述》，《攀登》2009年第5期。

［5］杨竞业：《与时俱进的中国马克思主义哲学——"第八届马克思哲学论坛"综述》，《理论视野》2008年第11期。

［6］臧峰宇：《历史唯物主义与中国问题——第十届"马克思哲学论坛"述评》，《哲学研究》2011年第2期。

［7］王南湜：《新时期中国马克思主义哲学发展理路之检视》，《天津社会科学》2000年第6期。

［8］张一兵：《马克思哲学的当代阐释——"回到马克思"的原初理论语境》，《中国社会科学》2001年第3期。

［9］孙麾：《本体论的限度与改变世界的哲学》，《哲学研究》2003年第7期。

［10］邹诗鹏：《申辩与自省——对孙麾先生的回应》，《哲学研究》2003年第8期。

［11］孙伯鍨：《浅谈马克思主义哲学的出场路径问题》，《河南大学学报（社会科学版）》2003年第2期。

［12］张品彬：《21世纪中国马克思主义哲学发展趋势的理性思考》，《理论视野》2006年第1期。

［13］汪信砚：《反对教条主义与中国马克思主义哲学的发展》，《马克思主义研究》2006年第6期。

［14］孙麾：《马克思主义哲学的研究进路》，《哲学研究》2006年第10期。

［15］倪志安：《论传统教科书的物质本体论局限——马克思主义哲学教育方法论探讨之一》，《重庆邮电大学学报（社会科学版）》2007年第2期。

［16］庄福龄：《尊重历史：深化马克思主义哲学史研究的一个基本原则》，《河北学刊》2007年第4期。

［17］张文喜：《回归与转向：马克思主义哲学研究范式的变革——对改革开放之后的马克思主义哲学发展总体状况的理解》，《福建论坛（人文社

会科学版）》2008 年第 6 期。

　　［18］胡福明：《真理标准大讨论的序曲——谈实践标准一文的写作、修改和发表过程》，《开放时代》1996 年第 1、2 期。

　　［19］金春明：《真理标准大讨论的一支前奏曲》，《北京党史研究》1998 年第 3 期。

　　［20］吴江：《"真理标准讨论"追述》，《传记文学》1995 年第 9 期。

　　［21］龚育之：《起草党代会报告》，《中共党史研究》2008 年第 1 期。

　　［22］胡乔木：《关于人道主义和异化问题》，《理论月刊》1984 年第 2 期。

　　［23］许万元、金大白：《斯大林哲学中的问题》，《哲学译丛》1979 年第 1 期。

　　［24］高清海：《马克思主义哲学的两种理论形态》，《哲学动态》2000 年第 2 期。

　　［25］张亮：《应当如何正确对待教科书体系？》，《福建论坛（人文社会科学版）》2011 年第 7 期。

　　［26］高清海：《论现有哲学教科书体系必须改革》，《文史哲》1985 年第 5 期。

　　［27］高清海：《论哲学及其教科书体系的改革问题》，《辽宁大学学报（哲学社会科学版）》1986 年第 2 期。

　　［28］黄楠森：《一个以列宁的〈哲学笔记〉为根据的唯物辩证法体系草图》，《人文杂志》1983 年第 1 期。

　　［29］肖前：《马克思主义哲学是实践的唯物主义》，《东岳论丛》1983 年第 2 期。

　　［30］孙辉：《人文关怀与实践概念》，《光明日报》2002 年 12 月 26 日。

　　［31］安启念：《辩证唯物主义还是实践唯物主义——再读马克思》，《学术月刊》2011 年第 3 期。

　　［32］徐崇温：《马克思的实践唯物主义》，《哲学动态》1988 年第 7 期。

　　［33］徐崇温：《时代呼唤着实践唯物主义》，《哲学动态》1988 年第 12 期。

　　［34］徐崇温：《实践唯物主义不是唯实践主义》，《哲学动态》1989 年

第 10 期。

　　［35］张一兵：《实践唯物主义是一个新的哲学框架》，《哲学动态》
1989 年第 5 期。

　　［36］李德顺：《从一般唯物主义到"实践的唯物主义"》，《哲学动态》
1988 年第 12 期。

　　［37］李德顺：《〈评对实践唯物主义的一种理解〉别议》，《哲学研究》
1990 年第 3 期。

　　［38］邓晓芒：《建构马克思的实践唯物主义哲学体系》，《学术月刊》
2004 年第 12 期。

　　［39］黄楠森：《不能把实践唯物主义和辩证唯物主义对立起来》，《天
津社会科学》1988 年第 4 期。

　　［40］衣俊卿：《超越"实践唯物主义"的困境》，《哲学动态》1989 年
第 10 期。

　　［41］肖前：《中国马克思主义哲学教学体系发展和改革》，《云南民族
学院学报（哲学社会科学版）》1995 年第 1 期。

　　［42］黄枏森（即黄楠森）：《再论本体论——答刘福森同志》，《人文杂
志》1990 年第 5 期。

　　［43］高清海：《再论实践观点的超越性本质》，《哲学动态》1989 年第
1 期。

　　［44］何中华：《物质本体论的困境和实践本体论的选择》，《南京社会
科学》1994 年第 11 期。

　　［45］赵玉谨：《关于实践唯物主义的讨论综述》，《党校科研信息》
1989 年第 63 期。

　　［46］陈朗：《实践唯物主义小考》，《哲学动态》1988 年第 12 期。

　　［47］陈先达：《关于实践唯物主义的几点想法》，《哲学动态》1988 年
第 12 期。

　　［48］杨耕：《"实践唯物主义"概念的由来及其与"辩证唯物主义"的
关系》，《北京社会科学》1998 年第 1 期。

　　［49］衣俊卿：《实践哲学：超越与升华》，《求是学刊》2000 年 2 期。

　　［50］W. 斯托劳姆巴哈：《哲学的固有课题》，《哲学译丛》1982 年第

2 期。

　　[51] 仰海峰：《实践：一个过渡性的逻辑范畴——对实践唯物主义讨论的再思考》，《探索》1995 年第 6 期。

　　[52] 李荣海：《"实践唯物主义"与马克思主义哲学体系的构建》，《求实》2006 年第 4 期。

　　[53] 段忠桥：《质疑俞吾金教授关于"实践唯物主义"的两个说法》，《马克思主义与现实》2008 年第 6 期。

　　[54] 俞吾金：《历史唯物主义是哲学而不是实证科学——兼答段忠桥教授》，《学术月刊》2009 年第 10 期。

　　[55] 段忠桥：《历史唯物主义："哲学"还是"真正的实证科学"——答俞吾金教授》，《学术月刊》2010 年第 2 期。

　　[56] F. 费迪耶等辑录：《晚期海德格尔的三天讨论班纪要》，《哲学译丛》2001 年第 3 期。

　　[57] 黄楠森：《现代西方哲学关系与马克思主义哲学之我见》，《学术月刊》2001 年第 8 期。

　　[58] 张盾：《"历史的终结"与历史唯物主义的命运》，《中国社会科学》2009 年第 1 期。

　　[59] 荣剑：《论历史观与历史价值观——对中国史学理论若干前提性问题的再认识》，《中国社会科学》2010 年第 1 期。

　　[60] 陈先达：《历史唯物主义的史学功能——论历史事实·历史现象·历史规律》，《中国社会科学》2011 年第 2 期。

　　[61] 张政文：《历史的三种时间量度与三种理解范式》，《中国社会科学》2011 年第 2 期。

　　[62] 俞吾金：《从科学技术的双重功能看历史唯物主义叙述方式的改变》，《中国社会科学》2004 年第 1 期。

　　[63] 衣俊卿：《回归生活世界与构建文化哲学——论世纪之交哲学理性的位移和发展趋向》，《求是学刊》2000 年第 1 期。

　　[64] 余源培、赵修义、俞吾金、张军、程恩富、张雄、石磊：《关于经济哲学的笔谈》，《中国社会科学》1999 年第 2 期。

　　[65] 张雄：《财富幻象：金融危机的精神现象学解读》，《中国社会科

学》2010 年第 5 期。

　　［66］段忠桥:《关于分配正义的三个问题——与姚大志教授商榷》,《中国人民大学学报》2012 年第 1 期。

　　［67］姚大志:《再论分配正义——答段忠桥教授》,《哲学研究》2012年第 5 期。

　　［68］张文喜:《两种马克思政治哲学概念》,《江苏大学学报（社会科学版）》2013 年第 6 期。

　　［69］李佃来:《总体性视域中的马克思主义政治哲学》,《武汉大学学报（人文科学版）》2012 年第 6 期。

　　［70］王南湜:《能切中现实生活的政治哲学何以可能——一项基于"行动者"与"旁观者"对比视角的考察》,《学习与探索》2012 年第 3 期。

　　［71］王新生:《当代中国马克思主义正义理论的建构》,《中国人民大学学报》2012 年第 1 期。

　　［72］张盾:《"道德政治"谱系中的卢梭、康德、马克思》,《中国社会科学》2011 年第 3 期。

　　［73］陈先达:《马克思主义哲学关注现实的方式》,《中国社会科学》2008 年第 6 期。

　　［74］陈先达:《哲学中的问题与问题中的哲学》,《中国社会科学》2006 年第 2 期。

　　［75］塞缪尔·亨廷顿:《国际首要地位为什么重要？》, 载《国际安全》1997 年春季号。

　　［76］孙麾:《马克思哲学的学术传统与问题意识》,《哲学研究》2009年第 3 期。

　　［77］福山:《衰败的美利坚——政治制度失灵的根源》, 载美国《外交》（*Foreign Affairs*）双月刊 9/10 月号。

　　［78］陈俊:《我们彼此亏欠什么: 论全球气候正义》,《哲学研究》2012 年第 7 期。

　　［79］潘德荣:《"德行"与诠释》,《中国社会科学》2017 年第 6 期。

在共同的学术事业中践行编辑理念

"任何真正的哲学都是自己时代的精神上的精华。"马克思在《〈科隆日报〉第 179 号的社论》中的这句话,既是关于哲学与时代关系的经典表达,也是对学术史与人类史统一关系的高度概括。事实上,学术期刊的历史是构成现代学术历史的重要组成部分。在人类现代学术历史上,学术期刊的发展水平往往标志着一个时代的文明水平。

2016 年 5 月 17 日,习近平总书记在《在哲学社会科学工作座谈会上的讲话》中指出:"坚持和发展中国特色社会主义,需要不断在实践和理论上进行探索、用发展着的理论指导发展着的实践。在这个过程中,哲学社会科学具有不可替代的重要地位,哲学社会科学工作者具有不可替代的重要作用。"这对于哲学社会科学工作者要书写好中国当代学术史给出了明确定位。那么作为学术期刊编辑,应该说既是哲学社会科学工作者和参与者,也是哲学社会科学工作观察者和记录者。在中国特色哲学社会科学学科体系、学术体系和话语体系建构过程中,如何找准定位、发挥作用,领悟和执行好加快构建中国特色哲学社会科学这项重要任务，是需要不断思考和深入的问题。

社会历史及其进程，无疑是统一性与多样性、普遍性与特殊性的辩证统一，同时历史也记录着这一进程本身。学术史的发展承载于学术实体之内，也体现于个体价值之中。编辑作为体现学术史重要成果的组织者、见证者和参与者，其价值也显现其中。

中国社会科学杂志社的学术传统积淀深厚，马克思主义理论部自成立以来，就致力于马克思主义哲学等方向的重要学术成果的刊发。在编辑业务和科研工作中，始终秉承一贯的编辑信念：政治方向、问题导向和学术质量。

刚进入编辑行当时，老一代编辑说，要成为独当一面的学术编辑，至少要经历十到十五年的磨练。理解这句话的含义是在编辑实践和逐步的学术积累中领悟的，学术编辑的知识结构不是在某个专业化的领域通过学术史的梳理和追溯中建构起来的，也不是通过阅读和分析经典原著达到理解的深度的。作为学术编辑，主要的功夫是学术眼光的训练，学术判断力的锤炼和学术导向的凝练。这主要是在把握学术动态和发展轨迹中实现的，是在学术逻辑与现实逻辑的契合中展现的，也是在纷繁热闹的争论和热点所隐藏的本质思考中发现的。

回顾近代学术史，很多学者都曾兼职编辑，且颇有所成，如茅盾、巴金、林语堂、叶圣陶、吴宓等。作为学术编辑，要始终鼓励"编研结合"，始终强调一个学术编辑不能与学术研究割裂。学术期刊编辑队伍也是中国学术界很重要的一支科研力量，学术期刊编辑工作也是一项学术事业。一个真正优秀的编辑、主编或编辑部门负责人，除了敏锐的政治判断力之外，还应该具有专业的学术素养和更加宽广的视野。专业的学术素养，要求一个编辑具备自己的编辑理念和学术见解，能够进入学科内部与学者对话，只有如此自己的认知才能符合学术发展规律，才不会使自己的学术缺陷成为所在学科甚至整个刊物的缺陷。在专业素养的基础上，好的编辑要有广阔的学术视野，能够驾驭学科发展，了解学科生态，伴随学科生长，能够回答一个学科从何处来、到何处去的问题。

　　也许我们成为编辑家的理想无法实现，但我们会记住这个逐渐散发微小光芒的过程。那些不朽的编辑家将被永远铭记。